M A R O.

»Die Erfindung, die die Globalisierung unumkehrbar machte, sei nicht das Internet gewesen, sondern das Containerschiff – sagt man. Magali Desclozeaux verwandelt diese prosaische Wirklichkeit in ein kleines Wunder.« — *Revue Études*

Wie hängen Steueroasen, Briefkastenfirmen und Finanzmanagement mit Zwangsräumungen, Altersarmut und Erbschaftssteuern zusammen? Dieser Briefroman führt über die Handelsrouten quer durch die Weltmeere in den obskuren Kosmos der Finanzspekulation. Die streitbare und gewitzte Heldin Ninon Moineau kämpft sich von ihrem Container aus durch die Irrungen des Spätkapitalismus und zeigt dabei ihre große Kraft: widrigen Umständen mit Humor zu begegnen.

Magali Desclozeaux

Die Concierge ist auf See

ROMAN

Aus dem Französischen
von Merle Struve

Maro

»Hast Du ein Skizzenbuch mitgenommen,
um Deine Reiseeindrücke festzuhalten?«

Gustave Flaubert

I

DIE RUNDFAHRT

auf dem Mittelmeer,
an einem Wintertag*

Sehr geehrte Frau Noisette,

ich entsinne mich, links neben dem Eingangstor zur Rue de la Corderie N°6, auf dem Messingschild mit Ihrem Namen, das Wort »Beratung« gelesen zu haben.

Als ehemalige Concierge der N°5 schreibe ich Ihnen in der Hoffnung, dass Sie mir zu meinem weiteren Vorgehen einen Rat geben können.

Ich möchte das Meer verlassen, das seit fast zweieinhalb Jahren mein Zuhause ist, doch dazu muss ich den Leibrentenvertrag auflösen, den ich mit Richard LeRoy geschlossen habe.

Als Gegenleistung für meine Rente gewährt er mir Logis in Form eines Containers auf einem Frachtschiff, mit Dusche und Toiletten im Deckshaus, und Kost in Form einer Zwischen- und zwei Hauptmahlzeiten täglich am Tisch der Besatzung.

Sie sehen, ich habe ein einfaches Anliegen: Ich möchte Kost und Logis an Herrn LeRoy zurückgeben, sodass meine Rente nicht mehr auf sein, sondern auf mein Konto überwiesen wird. Da meine Briefe an das Postfach 3210 in Nassau, Bahamas,

---

* Poststempel unleserlich.

ohne Antwort blieben, bitte ich Sie um einen Ratschlag in dieser Angelegenheit: Wie ist Ihrer Meinung nach bei der Auflösung einer Leibrente vorzugehen, wenn eine der beiden Vertragsparteien nicht mehr antwortet?

Freundlich grüßt Sie
Ninon Moineau

Ship Flowers
Container N°124328

c/o Seamen's Club
11 Allée des Pins
13270 Fos-sur-Mer
France

Paris, 28. Januar 2015

Sehr geehrte Frau Moineau,

meines Wissens lässt sich ein Leibrentenvertrag nicht auflösen.

Mit freundlichen Grüßen
fvP. Clémentine Noisette
[Unterschrift unleserlich]

auf dem Chinesischen Meer,
an einem Frühlingstag*

Sehr geehrte Frau Noisette,

danke für Ihre Antwort, die mich zugegebenermaßen aus den Latschen gehauen hat.

So muss ich denn wohl sterben, wo ich hause.

In einer Kiste.

Dieser Gedanke durchfuhr mich, als ich bei Tagesanbruch auf meinem winzigen Balkon am Ende der Containerreihe, hoch über dem Meer, nach den ersten Sonnenstrahlen Ausschau hielt.

Wenn die Sonne zu meiner Linken aufsteigt und wir in der vorherigen Nacht von einem Hafen mitten in der Wüste ausgelaufen sind, weiß ich, dass wir Kurs auf Asien genommen haben. Und auch wenn ich abwarte, bis die Sonne mittags senkrecht über dem Radar auf dem Deckshaus steht, und auf einen nebelfreien Tag hoffe, so wird sich mir nie eröffnen, was auf der Backbordseite liegt.

Ein Containerschiff ist kein Küstenkreuzer und es bleibt einem selbst überlassen, sich – so wie ich heute – langsam vorbeiziehende Sandstrände vorzustellen. Bis diese vom nächsten Anlaufhafen unterbrochen werden, vergehen noch mindestens sechs Tage. Mehr als genug, um an Herzversagen zu sterben, was ich mir wünschte, und so bitte ich Sie um einen letzten Rat.

* Stempel aus Xiamen, 6. Mai 2015.

Im Todesfall möchte ich nach Sitte des Landes bestattet werden, in dessen Seegebiet wir sind. In Indien zum Beispiel auf dem Scheiterhaufen. An wen muss ich dieses Anliegen richten, damit ihm nachgekommen wird?

Es grüßt Sie freundlich
Ninon Moineau

Paris, 21. Mai 2015

Sehr geehrte Frau Moineau,

dazu genügt ein formloses Schreiben in Ihrer Brieftasche.

Mit freundlichen Grüßen
fvP. Clémentine Noisette
[Unterschrift unleserlich]

auf dem Roten Meer,
an einem Sommertag*

Sehr geehrte Frau Noisette,

in meinem Fall wäre das eine Knipsbörse.

Die Brieftasche mit meiner Seniorenkarte, meinen Rabattcoupons und den Metrotickets – auf einem Containerschiff unnütz – ist an Land geblieben. Wenn man eine 18 m^2 große Hausmeisterloge infolge eines Zwangsräumungsbescheids verlässt, um eine 12 m^2 große Kiste zu beziehen, ist man mit leichtem Gepäck gut beraten.

Zu diesem Zweck habe ich einen einfachen Trick angewandt: Ich habe mir vorgestellt, der Gerichtsvollzieher würde mich dafür bezahlen, dass ich all mein Hab und Gut zum Wertstoffhof bringe – und habe ihm eine saftige Rechnung beschert.

Abgesehen von meinen rutschfesten Krankenhaus-Clogs und meiner Kaffee-Thermoskanne konnte ich mich von allem trennen, sodass die Sache schnell erledigt war.

Übrig blieb ein einziger Koffer, in den meine Wundertüte nicht passte, jener Sack mit dem Streusalz gegen Glatteis vor dem Eingangstor, in dem ich über die Jahre das von meinen geschätzten Hausbewohnern erhaltene Neujahrsgeld versteckte, bevor auch sie zwangsgeräumt wurden.

Ich habe den Sack auf den rotbraunen Fliesen meiner Loge ausgeschüttet, ein aschfarbenes Meer aus Kristallen, und Münze für Münze mein Erspartes aufgelesen.

Eine kleine Summe habe ich der Post anvertraut, die mir anbot, das Geld nachhaltig anzulegen, auf einem Sparbuch, das

* Stempel aus Dschabal Ali, 6. Juli 2015.

trotz seines Namens kein Buch, sondern eine Plastikkarte ist. Wenn ich in Fos bin, hebe ich manchmal einige Euro ab, die ich an der Bar des *Seamen's Club* umtausche, der ebenfalls trotz seines Namens kein Club ist, sondern eine Unterkunft für Seeleute auf Landgang.

Zahnpasta, Seife, Rasierschaum, Zwiebel-, Senf- und Honigchips, maltesischer Weißwein oder Biere; die Runde durch den Kiosk im Deckshaus ist schnell gedreht und die Preise sind glatt: 1 bis 3 Dollar. Der Kantinenmann hat kein Wechselgeld und verlangt es passend.

Zwar habe ich selbst keine Verwendung mehr für eine Brieftasche, doch ich fülle jene von LeRoy.

Als ich den Leibrentenvertrag zur Unterschrift erhielt, lag ein Zettel bei: »Danke, liebe Ninon, dank Ihnen ist mein Portefeuille nun vollständig diversifiziert.«

Die Gewissheit, in seinem Portefeuille zu sein, beruhigte mich, ich hatte also offensichtlich einen Wert.

Und da ich schließlich etwas wert bin, bietet das nicht einen gewissen Handlungsspielraum, meinen Vertrag – da nicht kündbar – zumindest neu zu verhandeln? Was meinen Sie?

Ja, ich weiß. Ich hatte versprochen, Sie nicht mehr um Rat zu fragen. Ich bitte um Nachsicht, dass ich mein Wort zurücknehme, und verbleibe mit den besten Grüßen

Ninon Moineau

Paris, 18. Juli 2015

Sehr geehrte Frau Moineau,

allerdings darf Ihr Vertrag nicht weiterverkauft worden sein.

Mit freundlichen Grüßen
fvP. Clémentine Noisette
[Unterschrift unleserlich]

Fos-sur-Mer, 31. August 2015

Sehr geehrte Frau Noisette,

was soll das heißen, mein Vertrag darf nicht weiterverkauft worden sein? Wurden meine Rente und ich einfach so verscherbelt? An wen denn?

Warum sollte LeRoy mich loswerden wollen? Bis zum allerletzten Tag habe ich ihm die sechs Etagen im Treppenhaus gebohnert. Genau wie die Briefkästen aus Nussholz, von denen ich – infolge der Nichtverlängerung der Mietverträge – nach und nach die Namensschilder der Bewohner entfernt habe. Am Ende war sein Haus zwar menschenleer, aber immer noch in tadellosem Zustand. Selbst die leeren Mülltonnen habe ich weiterhin jeden Nachmittag um vier an die Straße gestellt. Zweimal wöchentlich habe ich Handläufe und Klinken geputzt und auch regelmäßig den Innenhof sauber gespritzt. Im Übrigen wäre, um mich weiterzuverkaufen, ja wohl mein Einverständnis erforderlich. Damit das klar ist: Eine Neuverhandlung bezüglich meiner Kost und Logis bedeutet noch lange nicht, dass meine Rente und ich an den Erstbesten übertragbar sind.

Mit freundlichem Gruß
N. Moineau

zwischen zwei Weltmeeren*

Sehr verehrte Frau Noisette,

wie gern würde ich mich persönlich bei Ihnen dafür entschuldigen, dass mein letzter Brief so barsch geraten ist.

Ich ließ mich von den Worten hinreißen, die in meinem Kopf kreisen und keine Rast finden.

So wie ich.

Alle siebenundsiebzig Tage, wie auch sämtliche davor und danach, schlafe ich auf offener See unter einem endlosen Sternenmeer, wenn nicht gerade vierzig Meter über mir, bei einem unserer seltenen Zwischenstopps, die Stahlgreifer der Hafenarbeiter scheppernd über ihre nächtliche Beute herfallen oder wir unter einem schweren, mondlosen Himmel vor einer stinkenden Bucht voll qualmender Schlote oder sonstwo im Ozean liegen.

Wo beginnen diese siebenundsiebzig Tage?

Beim Ankersetzen vor dem Suezkanal? Beim Anlaufen der Reede von Fos? Nun, da ich diese Schleife so oft gefahren bin, erinnere ich mich weder an Anfang noch Ende. Ich stecke ganz einfach fest.

Ich schreibe Ihnen aus meinem Container, im Schein meiner an einem Gummiband befestigten Stirnlampe. Wenn ich das Thermostat ausschalte, erlischt die Deckenbeleuchtung und durch die offene Tür dringt nächtliche Stille in die feuchtwarme Luft.

---

* Poststempel unleserlich, wahrscheinlich September 2015.

Da mir das Briefpapier ausgegangen ist, verwende ich die Rückseite eines Stücks Endlospapier. Die Vorderseite ziert, von einem Blatt zum nächsten, eine schwarze, durchgehende Linie, als hätte eine Feder den immergleichen Lauf des Schiffs nachgezeichnet.

Man erkennt, wie sich Knoten an Knoten reiht, nur auf wenigen Blättern ist die Linie unterbrochen, denn auf jeden Anlegetag folgen mindestens sechs Tage auf See.

Ich habe dieses Stück Papier in letzter Sekunde gerettet, just als einer der vier Inder, die sich an Deck verdingen, es wegwerfen wollte; mit ihnen nehme ich meine Mahlzeiten ein, schweigend, da sie Englisch sprechen, ich aber nur Französisch. In all der Euphorie über den Aufbruch in mein neues Leben – kaum vorstellbar, ich war im Begriff, meine Loge mit dem vergitterten Fenster zur Müllkammer zu verlassen, um ein Quartier als Weltenbummlerin zu beziehen – hatte ich nicht an die Sprache gedacht.

Aber das hole ich jetzt nach. Ich habe mir ein kleines Wörterbuch gekauft und lerne damit, nur werden die Wörter anders gesprochen als geschrieben, weshalb ich eher schlecht als recht vorankomme.

Doch so ist es eben. Das Wörterbuch leistet mir Gesellschaft und ist manchmal sehr erhellend.

»P. O. Box cancelled?«
»Postfach aufgelöst.«

Mit diesem Stempel kam mein x-ter Brief an LeRoy nach sechs Monaten zurück, er erreichte mich beim vorletzten Zwischenstopp in Fos.

Wenn er sein Postfach aufgelöst hatte, dann war er nicht gestorben, sondern der Halunke hatte sich totgestellt. Und da hörte bei mir der Spaß auf. Sich totstellen oder ein treuloser Vertragsbruch, das war dasselbe in Grün, sodass ich auf der Stelle einen Brief an die Rentenversicherung aufsetzte:

Sehr geehrte Damen und Herren,
hiermit bitte ich Sie, fortan die zur Sozialversicherungsnummer 2470475543006 gehörigen monatlichen Zahlungen auf das Sparbuch Nr. 005899628 zu überweisen.

Mit freundlichen Grüßen
Ninon Moineau

Darauf kam als Antwort:

Sehr geehrte Frau Moineau,
wir haben Ihr Anliegen geprüft und festgestellt, dass Sie bei uns ein Online-Konto eingerichtet haben, weshalb wir Sie bitten, sich mit Benutzernamen und Passwort oder ggf. Geheimfrage in Ihren persönlichen Bereich einzuloggen und Ihre Anfrage dort zu stellen, damit sie von der zuständigen Abteilung bearbeitet werden kann.

Mit freundlichen Grüßen
Yvon Bardet
Leitung

Abgesehen von den sechs mal zwei Metern auf dem Vorderdeck, inmitten eines Ozeans aus zehntausend Containern, weiß ich von keinem persönlichen Bereich.

Doch stelle ich mir eine Frage, die einer wilden Hoffnung entspringt und überhaupt keine Geheimfrage ist: Und wenn LeRoy in die Rue de la Corderie N°5 zurückgekehrt ist?

Von Ihrem Fenster aus dürfte es ein Leichtes sein, ihn zu erkennen, falls er an Ihrem Beratungsbüro vorbeigeht – er raucht Zigarre und ist kaum größer als ein Federwisch.

Dürfte ich Sie bitten, mich zu informieren, sollten Sie ihn zufälligerweise durch das Eingangstor treten sehen?

Es grüßt Sie freundlich
Ninon Moineau

Ship Flowers
Container N° 124328

c/o Seamen's Club – 237 Dongdu Wharf,
36100 Xiamen Port, P. R. China
c/o Seamen's Club – P. O. Box 17940,
Jebel Ali Container Terminal 1, United Arab Emirates
c/o Seamen's Club – 11 Allée des Pins,
13270 Fos-sur-Mer, France

Paris, 23. September 2015*

Sehr geehrte Frau Moineau,

von der Rue de la Corderie N°5 steht nur noch die Fassade. Insgesamt ansehnlich, mit den schönen Quadersteinen und dem langen Balkon der Beletage. Derzeit finden umfangreiche Bauarbeiten statt: Es entsteht ein sechsstöckiges Parkhaus mit Rampe im Auftrag der Firma *Sycomorus*, mit Sitz in der Avenue d'Aubervilliers N°23 in Pantin.

Bislang habe ich nichts gesehen, das Ihrer Beschreibung LeRoys entspräche, doch muss ich zugeben, dass mein Augenlicht schwindet.

Mit den besten Grüßen
fvP. Clémentine Noisette
[Unterschrift unleserlich]

---

* Brief in dreifacher Ausfertigung nach Xiamen, Dschabal Ali und Fos-sur-Mer versandt.

Xiamen, 7. Oktober 2015

Sehr verehrte Frau Noisette,

haben Sie vielen Dank! Postwendend habe ich ein Schreiben an die Firma *Sycomorus* geschickt, mit der Bitte, mich mit LeRoy in Verbindung zu setzen.

Es grüßt Sie herzlich
Ninon

PS: Dürfte ich Sie fragen, wofür die Abkürzung *fvP.* steht?

Paris, 25. Oktober 2015*

Sehr geehrte Frau Moineau,

»fvP.« bedeutet »für verhinderte Person«, denn das ist Frau Noisette. Ihr Gedächtnis hat sie derart im Stich gelassen, dass sie sich noch mit Klebezettelchen daran erinnern musste, ihre Erinnerungszettelchen zu lesen, bis sie schließlich in ein Pflegeheim umgezogen ist.

Meines Zeichens Gärtner, kümmere ich mich weiterhin um ihren Garten und bringe ihr gelegentlich die Post. So haben wir Ihren ersten Brief gemeinsam geöffnet. Ich las ihn ihr vor, und wenngleich sie sich nicht erinnert, einmal Beraterin gewesen zu sein, so ist sie doch strikt der Ansicht, dass Rat vorher einzuholen ist und nicht hinterher.

Dann verschloss sich ihr Gesicht und ich bezweifle, dass sie ihren Gärtner beim Abschied noch erkannt hat.

In Paris nieselt es, die Spaziergänge fallen kürzer aus. Die Kleingärten von Pantin sind menschenleer – oh ja, es gibt sie noch.

Die Gärten, mehrere Dutzend von gleicher Größe, bilden ein Schachbrett, das mit herbstfarbenen Blättern übersät und durch Wege unterteilt ist, die sanft zu farblosen Hochhausreihen ansteigen. Der Eingang, ein einfaches Gitter mit Kette und Vorhängeschloss, liegt in der Avenue d'Aubervilliers N°23. Es gibt weder Briefkästen noch Gebäude, nur ein paar Weißdornbüsche und keinen einzigen *Ficus sycomorus*. Beim Verein *Les Lilas,* der die Parzellen verwaltet, meldet sich bloß der

* Brief in dreifacher Ausfertigung versandt.

Anrufbeantworter. Laut Bandansage erhält man für einen Scheck über fünfzig Euro einen Platz auf der Warteliste und mit einem jährlichen Scheck über zwanzig Euro verhindert man, wieder von der Liste gestrichen zu werden.

Gerne hätte ich erbaulichere Nachrichten für Sie gehabt.

Freundliche Grüße
Aimé Cosat

auf See*

Sehr geehrter Herr Cosat,

ich hatte auf einen Brief von *Sycomorus* gehofft. Schonend bringen Sie mir bei, dass ich darauf noch lange warten kann.

Ich habe mich an eine Beraterin gewandt, die mir, wie ich Ihren Zeilen entnehme, keinen Rat erteilen wird.

Der, den ich zu erreichen versuche, ist anscheinend verduftet.

Und in all diesem Durcheinander eröffnen Sie mir, dass Sie eigentlich Gärtner sind. Was soll ich denn jetzt damit anfangen? Auf meinem Containerschiff wächst nichts, aber versucht habe ich es. Der Oleanderzweig, den ich am Eingang des *Seamen's Club* in Fos stibitzt habe, hat es nicht bis Xiamen geschafft. Ich stellte ihn in einen Becher mit Wasser, wo er rasch wurzelte, und bei einem Zwischenstopp in Malta füllte ich etwas Erde ab, um den Zweig in einen leeren Farbtopf zu pflanzen.

Auf meinem Balkon trotzte er den stürmischen Nordwinden des Mittelmeers, und als es hinter Beirut immer heißer wurde, befestigte ich den Topf an einer Leine und ließ ihn täglich kurz vor Mittag die acht Sprossen der eisernen Leiter zu meinem Zuhause hinuntergleiten, von wo aus ich ihn mit einem Fußtritt in den Schatten des dreihundert Meter langen Laufgangs beförderte, der meinen Container von der Messe im Deckshaus trennt und an die Arkaden der Rue de Rivoli erinnert – nur sind diese hier aus Stahl und vor dem Meer anstatt der Straße. Was die Morgensonne meinem zarten

* Stempel aus den Vereinigten Arabischen Emiraten, 4. Dezember 2015.

Pflänzchen geschenkt hatte, das nahm ihm der Monsun wieder weg. Gebeutelt und durchtränkt von den Wolkenbrüchen über dem Indischen Ozean erreichte es in welkem Zustand das Chinesische Meer, wo ich es den Fischen zum Fraß vorwarf.

Mögen Sie mehr Glück mit Ihren Pflanzen haben!

Herzliche Grüße
Ninon Moineau

Paris, 20. Januar 2016 *

Liebe Ninon,

erinnern Sie sich an Hélène Diveau, die frühere Köchin von LeRoys Mutter? Ich traf sie bei einem Spaziergang auf dem Boulevard des Filles-du-Calvaire. Sie lässt Sie schön grüßen und zeigte sich sehr an Ihrem neuen Leben interessiert. Es schiene ihr durchaus reizvoll, für Seeleute zu kochen, und sie fragte sich, ob sie nicht auch auf einem Containerschiff anheuern könnte, jedoch im Rahmen eines befristeten Vertrags, wie sie ausdrücklich betonte.

Sie berichtete mir, die Mutter Oberin des Klosters Sainte-Marthe habe sie gerade aus wirtschaftlichen Gründen entlassen und dann noch gesagt: »Ich bin LeRoy dankbar, dass er Sie uns empfohlen hat, nicht aber, dass er uns der Finanzmanagerin seines *Family Office* empfohlen hat; sie hat die Ordensschwestern und mich ausgenommen wie Weihnachtsgänse.«

Was verbirgt sich hinter dieser Metapher? Und kennen Sie ein *Family Office*?

Wie dem auch sei, ich will der Mutter Oberin gerne ein paar Neujahrsgrüße überbringen, um Näheres über ihre Ausnehmerei zu erfahren und um nachzuhorchen, ob ich dieser – infolge einer Kettenreaktion – nicht ebenfalls zum Opfer gefallen bin, was mich um einige Arbeitstage brächte, die ich jedes Frühjahr damit verbringe, das Unkraut im Kreuzgang zu rupfen.

Herzliche Grüße
Aimé Cosat

---

* Brief in dreifacher Ausfertigung versandt.

auf dem Tyrrhenischen Meer,
im Winter*

Lieber Aimé,

vom *Family Office* kannte ich bislang nur den Laufburschen, der mir bis zur Räumung die Putzmittel lieferte. Er brachte mir auch den Leibrentenvertrag, der in zweifacher Ausfertigung zu unterschreiben war, wovon ich eine gegengezeichnet zurückerhalten sollte.

Darauf warte ich noch immer. Drei Jahre und fünf Monate, um eine Unterschrift auf ein Dokument zu setzen, das sollte ja wohl machbar sein, oder? Glaubt LeRoy etwa, er kann mich wie seine Mutter Lotte behandeln? Stets adrett gekleidet, frisiert und geschminkt thronte sie, ein Stielglas in der Hand, in ihrem ins Wohnzimmer geschobenen Bett mit dem verstellbaren Kopfteil und brachte ihre Tage damit zu, auf einen Skype-Anruf von Richard zu warten, der geschäftlich im Ausland weilte. Sie verwahrte eine Flasche Wein hinter ihrer Porzellanvase, die zu schwer für den wackligen Spieltisch war, und sinnierte über die Abwesenheit ihres Sohnes.

Am Ende konnte sie nichts mehr schlucken. So gelangte ich in den Genuss der kleinen Köstlichkeiten von Hélène, die darauf bedacht war, die Speisen nicht wegzuwerfen, sondern sie abends auf das Tischlein vor meiner Loge stellte. Wenn sie also eine Zeitlang auf mein Schiff käme, wäre das nicht famos?

Sie könnte das *Family Office* bitten, dass LeRoy ihr einen Container bereitstellt. Entweder über meinem oder, besser noch, am anderen Ende meiner Reihe, auf der Steuerbordseite, so hätte auch sie einen kleinen Balkon mit Meerblick.

---

* Stempel von den Maltesischen Inseln, 5. Februar 2016.

Hauptsache dicht am Bug, zwischen Reihe 1 und Reihe 15, dort herrscht Ruhe, denn näher am Achterdeck hält man es wegen der brummenden Kühlcontainer kaum aus; sie sind in acht Ebenen übereinandergestapelt und ihre Lüftungsventilatoren laufen pausenlos.

Die Dusche ist dreihundert Meter Luftlinie entfernt, in der dritten Etage des Deckshauses. Der Zugang erfolgt über die Außentreppe der Brücke, außer wir sind in einem Piratengebiet unterwegs; dann muss man, nachdem man die Sicherheitsschleuse passiert hat, statt der Treppe den Aufzug nehmen. Den großen Raum mit zwei Bullaugen, am Ende eines Gangs, habe ich zu meinem privaten Duschbad erklärt, nachdem ich feststellte, dass das blau geflieste Bassin – kaum größer als die Müllkammer in der Rue de la Corderie und »Swimmingpool« genannt – immer leer ist, weshalb nie jemand zum Baden herkommt.

Außerdem nutze ich den Ort als kleines zweites Wohnzimmer, in das ich mich an zu kalten oder zu windigen Tagen zurückziehe, pro Tour sind das aber selten mehr als zehn. Der Raum ist immer beheizt und eine willkommene Abwechslung zu meiner Kiste.

Auf derselben Ebene gibt es eine Waschküche mit einem Waschtrockner und öffentlichen Toiletten (weitere befinden sich im Erdgeschoss).

In der zweiten Etage sind der Kiosk sowie die geräumige und anscheinend sehr gut ausgestattete Küche, mit direktem Zugang zur Offiziersmesse auf der einen und zur Mannschaftsmesse auf der anderen Seite. Der Koch wird von einem Gehilfen unterstützt, der auch für die Reinigung der Gemeinschaftsbereiche des Schiffs zuständig ist. Wenn Hélène kommt, werde ich ihr natürlich gerne beim Schälen, Reiben, Schneiden, Aushöhlen und Zerteilen behilflich sein. Jeden Tag neunundzwanzig Seeleute zu versorgen, da kommt ordentlich was zusammen. Oder waren die Nonnen noch mehr an der Zahl?

Auf jeden Fall würde ich mich sehr freuen, sie auf der *Ship Flowers* zu begrüßen, deren Route so manche Kuriosität bereithält: die Straße von Malakka mit Wolkenkratzerstädten wie in Amerika, die zehnstündige Wüstenfahrt durch den Suezkanal, im Gänsemarsch mit einem Öltanker vor und einem hinter uns, das niemals rote Rote Meer und die chinesischen Häfen mit ihren jeweils andersfarbigen Kränen, die zusammen einen schönen Regenbogen ergäben. Und wer weiß, vielleicht würde LeRoy bei der Bitte um einen zweiten Container endlich Flagge zeigen ...

Es grüßt Sie herzlich und erwartungsfroh
Ninon

Paris, 15. Februar 2016*

Verehrte Ninon,

mein Besuch bei der Mutter Oberin war erfolgreich. Von den bescheidenen Ersparnissen, die das Kloster der Finanzmanagerin des *Family Office* anvertraute, ist nichts mehr übrig.

Die *Quick-Slows* haben alles vertilgt. So hießen die Wertpapiere, mit denen die Nonnen ausgenommen und bettelarm zurückgelassen wurden.

Die aufgebrachte Mutter Oberin, die sich auf dem Gebiet auszukennen meint, versuchte mir dieses Spitzenprodukt lang und breit zu erklären, doch ich begriff nichts davon.

Ihr zufolge hatte das Kloster lediglich Bedürftigen geholfen und sollte damit, bei aller Nächstenliebe, 10% Rendite erzielen.

Denn mit den *Quick-Slows* – und darin, erzählte sie mir, lag deren großer Verdienst – konnte man nicht nur einem Armen, sondern einer Vielzahl von Armen eine Vielzahl von Kleinkrediten gewähren. So streckte das Kloster Geld vor, um das Dach eines Einfamilienhauses zu bezahlen, nicht aber die Wände, die von anderen Gläubigern finanziert wurden, die auch ein Stück vom Kuchen abhaben wollten; ebenso für die Fahrradreifen der im Akkord arbeitenden Lieferanten, nicht aber für die Ketten und Gangschaltungen; für die Studiengebühren in den geraden, nicht aber den ungeraden Jahren des Bachelor-Studiums; für die Scheren, Rasierer, Kämme und Haartrockner eines Friseursalons, nicht aber für die Spiegel. Und schließlich halfen die Kirchengelder beim Kauf einiger

* Brief in dreifacher Ausfertigung versandt.

Liter Treibhausgas, da eine übermäßig furzende Rinderherde ihren Halter mit dem Ankauf von CO_2-Zertifikaten in die Verschuldung getrieben hatte, was für ihn günstiger war, als Land zu erwerben, um den Winden seiner Wiederkäuer mehr Luftraum zu verschaffen. Nur gingen die Schuldner pleite und die Gläubiger verloren ihre Einlagen.

— Und die Finanzmanagerin?, fragte ich die Mutter Oberin.

— Die verwies uns an das *Special Purpose Vehicle.*

— Und?

— Das wurde offshore liquidiert.

Ein offshore aufgelöstes Fahrzeug? Und was für eins? Ein dreirädriger Lieferwagen? Und seit wann fuhr man auf See, um Dinge aufzulösen?

Bei so vielen Ungereimtheiten gab ich auf, und nachdem ich der Mutter Oberin erneut ein frohes neues Jahr gewünscht hatte und nebenbei feststellte, dass sie meine Frühjahrsarbeiten in ihrem Kreuzgang mit keinem Wort erwähnte, ließ ich Clémentine Noisette an meiner Verwirrung teilhaben.

Sie hatte einen schlechten Tag, und dennoch:

— Aber Aimé, es geht doch nicht um ein Kraftfahrzeug, sondern um ein Unternehmen mit Sitz in einem Steuerparadies, das eigens dafür geschaffen wurde, Kreditanteile zu mischen, bevor diese zu Wertpapieren zusammengefasst und an Investoren weiterverkauft werden.

Mein mit Dachziegeln, Fahrradreifen, gestrandeten Studenten, Haarschneidern und Lockenwicklern beladenes Dreirad wurde augenblicklich von einem riesigen Wiederkäuerfurz in die Luft gesprengt und tausend Meilen hinter die Ozonschicht katapultiert.

Es folgte eine Pause, in der ich versuchte, das soeben Gehörte zu verstehen.

— Im Übrigen, fügte Clémentine hinzu, stinkt die Sache nach einem CDS, wenn das alles stimmt.
— CDS?
— Ja. Aufmerksamkeitsdefizitsyndrom.
— Sie meinen ADS?
— Sind die Blumen aus meinem Garten?
— Aber Clémentine, es ist Winter.
— Wie kommen Sie denn jetzt darauf?

Es war vorbei. Clémentine Noisette war an die Ufer des Vergessens zurückgekehrt, und ich rätselte auf dem Heimweg, welches Ziel die Finanzmanagerin des *Family Office* bei dieser ganzen Sache wohl verfolgte. Auch auf die Gefahr hin, wieder als unwissend dazustehen, würde ich doch behaupten, dass es darum ging, sich bei jedem Verkauf eines *Quick-Slow* die Taschen vollzustopfen.

Denn während die Finanzmanagerin mit der einen Hand Kredite an ausgewählte Bedürftige vergab, die von der Bank bald nichts mehr bekamen, entledigte sie sich mit der anderen Hand ebenjener Kredite, indem sie diese in ein Steuerparadies verschob und von dort aus, durchmischt und vermehrt wie Brotkrumen, an Gutbetuchte weiterveräußerte, die sie gegen eine saftige Provision erwarben und kurz darauf fassungslos zusahen, wie die Armen, auf deren Rücken sie sich ein paar Taler dazuverdienen wollten, in den finanziellen Ruin stürzten.

Aber genug der Abschweifungen und zurück zu Ihnen, liebe Ninon. Die gute Nachricht ist, dass Ihr Container nirgends in der von der Mutter Oberin heruntergebeteten Gläubigerliste auftaucht. Das bedeutet, er wurde nicht auf Kredit gekauft. Es besteht also keine Gefahr, dass Ihre Kiste versteigert wird und Sie erneut delogiert werden.

Die andere Neuigkeit, weder gut noch schlecht, ist der von Clémentine Noisette erwähnte CDS. Hatte sie, deren Gedächtnis einer Volatilität unterliegt, die jener der Märkte in nichts nachsteht, da gerade einen lichten Moment? Wollen wir der Sache weiter auf den Grund gehen?

Herzliche Grüße
Aimé Cosat

Xiamen, 9. März 2016

Lieber Aimé,

gehen Sie dem ruhig auf den Grund.
Ich kann hier nur im Trüben fischen.

Herzliche Grüße
Ninon

Paris, 23. März 2016*

Liebe Ninon,

ich gebe zu, Ihr CDS hat mir einige Mühe bereitet.

Nicht dass es schwer gewesen wäre, einen Termin bei jemandem zu bekommen, der mir diese Abkürzung erläutern kann, sondern weil ich mir erst das nötige Rüstzeug zulegen musste, um bei meinem Gespräch mit dem Vermögensverwalter des *Family Office* keinen Verdacht zu erregen.

Zu diesem Zweck hielt ich es für angebracht, mir ein imaginäres Vermögen aufzubauen, das sich auf wenigstens zehn Millionen Euro belaufen sollte.

Nachdem ich mich erst mit dem Besitz von Pampas und Baumwollplantagen in Lateinamerika aufgehalten, dann mit dem Gedanken gespielt hatte, mich als Fabrikant von Überlebensausrüstung auszugeben, besann ich mich schließlich auf das Einzige, was ich habe: ein Dienstmädchenzimmer.

Ich erweiterte es um das wohl schönste Appartement des Hauses, im fünften Stock gelegen und mit einem Balkon, an den die Zweige einer Rosskastanie und einer Kiefer heranreichen. Ich schätzte den Wert der Wohnung auf eine Million Euro und stattete sie auf meinen Spaziergängen nach und nach mit exquisiten Möbeln aus den Schaufenstern der Antikläden aus. Jüngst erwarb ich in Gedanken ein wahres Prachtexemplar. Stellen Sie sich ein Stück Mauer vor, das seiner ursprünglichen Umgebung entrissen wurde, doppelt so lang wie Ihr Container und etwa einen Meter zwanzig hoch, hinter dem sich einst

* Brief in dreifacher Ausfertigung versandt.

mehrere Grabnischen auf einem Friedhof im alten Rom befunden hatten. Von den Verstorbenen ist nichts geblieben als eine zu ihrem Gedenken angefertigte Zeichnung unterhalb der mit blassrosa Gips gefüllten Öffnung ihres Loculus. Ein Vogel, der seinen Hals nach einer Traube in einem Weidenkorb reckt, eine Granatapfelblüte, ruhende Schwäne auf einem Mosaikteppich, eine Passionsblume, die auf einem sternenbesäten Blatt prangt, ein zierliches Fischerboot mit einem kommaförmigen Bug, und als Vollendung dieser bildgewaltigen Hommage an die vielen namenlosen Toten, eingetaucht in ein grillenzirpendes Sonnenlicht und wie ein Eindringling in der rissigen Ecke jener entweihten Mauer, ein entzückender apfelgrüner Gecko, den ich als Glücksbringer für Sie auserkoren habe.

Diesem mit Abstand teuersten Phantasiekauf fügte ich eine Sammlung von Armbanduhren hinzu, die ich in den Schaufenstern der Rue de la Paix ergatterte, und rechnete alles zusammen. Leider war ich von meinem Zielbetrag immer noch weit entfernt. Wie ich mir eingestehen musste, bereitete es einige Mühe, sich ein Vermögen aufzubauen, das diesen Namen auch wirklich verdient.

Ich war im Begriff aufzugeben – zehn Millionen waren einfach zu viel, und ich wollte nicht in eine Immobilie mit einer anderen als meiner Adresse investieren, zu leicht wäre eine Überprüfung beim Grundbuchamt. Am Ende entschied ich mich schweren Herzens, aber mit ganzem Herzen bei Ihnen, für eine bequeme Lösung: ein Konto in der Schweiz, auf dem ein Erbe schlummerte.

Unter dem Decknamen Georges-Édouard Leleu passierte ich mühelos die Rezeption des *Family Office*, und eine Empfangsdame, die vor Arroganz so stank, dass sie ständig die

Nase rümpfen musste, geleitete mich in ein Büro, in dem ich bereits erwartet wurde.

Den Vermögensverwalter, der mich empfing, kann ich Ihnen beim besten Willen nicht beschreiben – das Portrait eines keimfreien Feuchttuchs wäre nicht weniger aussagekräftig –, jedenfalls verließ ich den Raum zwei Stunden später in großer Sorge.

Ich hatte erfahren, was ein CDS ist, und wie man mit einer monatlichen Prämie, die Ihrer Rente entsprechen könnte, auf den Wert von etwas wettet, das man nicht besitzt.

Und das Beispiel des Vermögensverwalters beruhigte mich nicht im Geringsten.

»Nehmen Sie ein Containerschiff«, sagte er, »das Ihrer Meinung nach so alt ist, dass es bei Windstärke 9 leckschlagen könnte. Ich kann Ihnen einen Vertrag aufsetzen, in dem Sie sich auf Seite 1 dazu verpflichten, jeden Monat einen festen Betrag an eine Gegenpartei zu zahlen, die im Unterschied zu Ihnen daran glaubt, dass dieses Schiff noch lange auf den Weltmeeren verkehren wird. Und auf Seite 2 des Vertrags vermerke ich, was Sie bekommen, wenn es schließlich wie erhofft sinkt.«

Liebe Ninon, diese Seite 2 lässt mich erschaudern.

Sollte LeRoy eine solche Wette abgeschlossen haben, dann knackt er bei Ihrem Untergang den Jackpot.

Angenommen, jede der zehntausend Kisten um Sie herum enthält Waren im Wert von mindestens fünfhundert Euro. Da braucht man nicht lange zu rechnen. Sie kentern, und schwupps kassiert LeRoy fünf Millionen. Sein Vertragspartner, so sehr ihn das auch vergrämen mag, muss die Summe bezahlen.

Es sei denn, er hat den Vertrag weiterverkauft. An wen? Das weiß man nicht. Auch LeRoy könnte seinen Vertrag weiterverkauft haben, falls er das Interesse an seiner ursprünglichen Wette verloren hat. An wen, das weiß man nicht. »Darin bestehen die Vorzüge des Freihandverkaufs«, schloss der Vermögensverwalter.

War es klug, Ihnen all das zu schreiben?

Das weiß ich nicht.

Es grüßt herzlich

Aimé Cosat

Fos, 18. April 2016

Lieber Aimé,

da lese ich Ihren Brief und auf einmal gehöre ich mir selbst nicht mehr.

Mein Container und ich sind nun also vertraglich den Wogen des Marktes ausgesetzt.

Als ich vor drei Jahren und neun Monaten den Räumungsbescheid für meine Loge erhielt, habe ich eine Schlange aus Verlängerungskabeln bis zu Lotte LeRoys verlassener Wohnung ausgerollt.

Der Computer war noch da, ich schaltete ihn ein, rief Richard über Skype an und stellte fest, dass der Kerl ganz schön klein war.

Zu Lottes Zeiten rief meist er sie sonntags zur Vesperzeit an, und der Bildschirm zeigte nur einen von Zigarrenqualm vernebelten Eierkopf.

An jenem Abend nutzte er die Freisprechfunktion, als der Rufton erklang. Er thronte auf einer Trittleiter und entstaubte eine elektronische Weltkarte, auf welcher der Schatten der Nacht über die Ozeane und Kontinente wanderte, langsam verdrängt vom Sonnenlicht, das an diesem Hochsommertag wie eine umgedrehte Glocke über der Erde hing.

Er war kaum größer als sein Federwisch.

Da staunte ich nicht schlecht.

— Wer ist da?

— Ninon Moineau.

Er musste von der Leiter steigen, um mich zu erkennen.

Ein kleines, kurzsichtiges Kerlchen.

— Ah, Ninon, was gibt es?

Ich hatte vorgehabt, um Aufschub meiner Zwangsräumung zu bitten, darum zu bitten, mir eines der Dienstmädchenzimmer im sechsten Stock zu vermieten, oder ihn zu bitten ... Doch mit welchem Recht konnte ich ihn um etwas bitten? Seit Monaten wurde ich dafür bezahlt, ein leerstehendes Haus zu putzen.

Aus reiner Knauserigkeit hatte man meinen unbefristeten Arbeitsvertrag nicht gekündigt; die Abfindung wäre zu hoch gewesen. Ich wurde bis zum gesetzlichen Rentenalter weiterbeschäftigt und dann ordnungsgemäß vor die Tür gesetzt.

— Auf Wiedersehen.

Mehr fiel mir nicht ein.

— Was soll das heißen, »auf Wiedersehen«? Gehen Sie schon? Haben Sie denn eine Bleibe gefunden? Nein? Wie wäre es mit einer Weltreise? In einem Monat legt ein Container ab, darin ein freies Bett – der Ferrari meiner verstorbenen Mutter –, und zwei Cabriolet-Armsessel. Hätten Sie Lust auf diese schwimmende Unterkunft? Sie überlassen mir Ihre Rente, und ich gewähre Ihnen eine dahinfließende Pension. Klingt das nicht gut?

Mir fehlten die Worte.

Ohne dass ich ihn um irgendwas gebeten hätte, bot er mir eine Lösung.

Ein Dach über dem Kopf.

Ich ging entlang der Verlängerungskabelschlange über die Hintertreppe zurück in meine Loge und skypte ihn drei Tage später erneut an.

Wie versprochen hatte er sich um alles gekümmert.

Und der Gerichtsvollzieher, der mich rauswerfen sollte, ging leer aus.

»Die Concierge ist auf See«, teilte ich ihm auf einem Schild mit, das ich mit Reißzwecken am Hauseingang befestigte.

Ich bestieg die *Ship Flowers* am frühen Nachmittag und bei Anbruch der Dämmerung wurden die Leinen losgemacht.

Fortan war ich in meinem Vertrag gefangen.

Manchmal wünschte ich, die Zeit würde stehenbleiben.

Aber die Erde dreht sich leider immer weiter.

Es grüßt Sie
Ninon

Paris, 29. April 2016*

Liebe Ninon,

endlich sehe ich Sie vor mir!

Bei einem Spaziergang am Port de la Tournelle sah ich einen Lastkahn mit Containern vorbeiziehen.

Er war bunt wie blühender Portulak und hatte etwa dreißig Kisten geladen, eine davon, am Bug, hätte smaragdgrün sein können, wäre sie nicht so hell gewesen. Darunter mischte sich ein Hauch von Weiß, gespiegelte Sonnenstrahlen, die durch ein Wolkendeckchen schimmerten, fortgetragen von einem sorglosen Wind, der mich an den silbernen Glanz eines Olivenbaums erinnerte. Die Doppeltür des Containers war geschlossen, aber wenn sie sich vor meinen Augen geöffnet hätte und im Inneren ein Ferrari-Bett und zwei Cabriolet-Sessel zum Vorschein gekommen wären, es hätte mich nicht überrascht. Mir war, als hätte ich Sie *en passant* mit Ihren rutschfesten Clogs und vielleicht einem kleinen Hut auf einer Seine-Schleife erblickt. Es war Mittag, Sie eilten zur Mannschaftsmesse und bemerkten den Gruß nicht, den ich an Sie richtete. Oder vielmehr gerne an Sie gerichtet hätte, denn die Tür blieb zu, und anstatt den Blick auf Sie freizugeben, ließ der träge Kahn auf jedem Container eine Abfolge aus vier Buchstaben und sechs Ziffern an mir vorbeiziehen.

Ich merkte mir nur die letzte.

CCLU 734597

---

* Brief in dreifacher Ausfertigung versandt.

Vielleicht war das ein Code? Ein Schlüssel zu LeRoy?

Ich ging sofort in die Bibliothek; gerade war ein Computer frei, ich aktualisierte die Startseite der Suchmaschine per Mausklick und gab CCLU 734597 in Anführungszeichen ein.

In nur 0,56 Sekunden hatte ich den Container gefunden, dem ich soeben auf der Seine begegnet war, und seine Route ab China.

Er war am 9. März um 5 Uhr mit dem Zug in Jiangmen angekommen, wurde am 10. März um 12:50 Uhr auf die *Shipping Universe* verladen, am Folgetag um 5:13 Uhr im Hafen von Quanzhou entladen und am 19. März um 5:44 Uhr auf die *Fresia* umgeladen, hatte am 25. April in Rotterdam angelegt und war um 6:25 Uhr auf einem Lkw gelandet, der ihn am 26. April in Le Havre einem Kranfahrer übergab, welcher ihn um 8:12 Uhr auf jenen Lastkahn verlud, den ich gegen 12 Uhr in Richtung Nogent fahren sah, wo er morgen gelöscht werden soll.

Doch das ist gar nicht so wichtig. Wichtig ist das CCLU, das – wenn ich dem Netz glauben darf – angibt, dass die Kiste der China Container Line gehört.

Und was ist mit Ihnen? Wem gehört Ihre Kiste? Würden Sie mir deren Buchstaben und Zahlen verraten?

Ach, ich kann es kaum erwarten, mehr zu erfahren!

Herzliche Grüße
Aimé

(ohne Ort und Datum)*

Aimé,

ich wurde mitten in der Nacht angepickt!

Ausgesetzt in Dschabal Ali.

Ja genau, dem künstlichen Hafen in der Wüste.

Warum denn das?

Und wo soll ich mich jetzt waschen? Und was essen?

Ich bin doch kein Tier. Wobei …

Man hat mich mit Garnelen verwechselt, wie der Chef der Tiefkühlabteilung mir mittels einer Zeichnung zu verstehen gab, als er die Temperatur meiner Kiste einstellen wollte.

Ganz oben in einem vierstöckigen Hochregal voller Gefriergut.

Wirklich, ein Quader aus Kühlboxen, beinahe so hoch und breit wie das Haus in der Rue de la Corderie. Verloren mitten in einem Meer aus Containern, die rund um die Uhr in einem Getöse aus Piepen und Scheppern entladen werden, das selbst meine Ohrstöpsel nicht dämpfen können.

Und jetzt? Aimé, sagen Sie mir bitte, dass das alles nur ein Traum ist.

Ninon, BBLU 124328

---

* Briefmarke aus den Vereinigten Arabischen Emiraten, Poststempel unleserlich.

Paris, 26. Mai 2016*

Meine liebe Ninon,

ja, das Schicksal fordert Sie heraus. Ich habe Clémentine Noisette im Park ihrer Seniorenresidenz von Ihrem letzten Brief erzählt, und als ich schon glaubte, ins Leere zu sprechen, da erinnerte sie sich doch an Sie.

— Sehen Sie die orangen Container dort drüben?

Sie deutete auf die Mülltonnen.

— Nun, tagein tagaus stellte Ihre werte Freundin um Punkt 16 Uhr genau solche Tonnen auf den Bürgersteig vors Haus, direkt gegenüber von meinem Bürofenster.

— In der Rue de la Corderie?

— Ja. Und wenn ich ihr einen Rat geben darf, dann dass sie schleunigst auf ihren Seelenverkäufer zurückkehrt. Die Wüste ist tückisch, da geht sie am Ende noch verloren, oder man streicht sie von der Liste.

— Was denn für eine Liste?

— Sie sind ganz schön abgemagert, junger Mann.

Schweigend begleitete ich sie auf ihr Zimmer. Ich liebe unsere Gespräche voller Überraschungen und fürchte doch jedes Mal, dieses könnte das letzte gewesen sein, an jenem Tag mehr denn je und aus einem Grund, der allein bei mir liegt.

Aber Sie stehen noch auf der Liste, und das freut mich sehr. Die *Bebox Line* mit Sitz in Rumänien im Hafen von Konstanza, abgekürzt BBL (das U am Ende tragen alle Frachtcontainer, es ist nicht weiter von Belang), hat Sie tatsächlich in ihrer

---

* Brief in einfacher Ausfertigung an den *Seamen's Club* in Dschabal Ali versandt.

Kistenflotte registriert und im Netz steht auch, dass der Container 124328 in Dschabal Ali gelöscht wurde.

Die Rubrik *Geplante Bewegungen* ist leer. Umschlag, Lieferung, Rückführung – keine der drei Optionen ist ausgewählt. Heute Morgen habe ich einen Vorstoß gewagt und eine E-Mail an den Kundendienst der BBL geschickt, die wie folgt lautete:

Sehr geehrte Damen und Herren,

da ich mich in einer Woche einer Operation unterziehen muss, möchte ich baldmöglichst eine Schenkung in mein Testament aufnehmen – einen Hocker, der zusammen mit zwei Cabriolet-Armsesseln, die in Container Nr. 124328 transportiert werden, ein außergewöhnliches Ensemble bildet – und wende mich hiermit an Sie, um die Kontaktdaten des Eigners dieser Kiste zu erfragen. Ich muss sie in meinem Testament angeben, damit die Schenkung auch wirklich rechtsgültig ist. Da es sich dabei um eine Überraschung handelt, bitte ich Sie zugleich um absolute Vertraulichkeit in dieser Sache.

Dank Ihrer hervorragenden Internetseite konnte ich zudem einsehen, dass der oben genannte Container im Hafen von Dschabal Ali, einem Vorort von Dubai, entladen wurde. Angesichts seines Inhalts hoffe ich, dass es sich um einen einfachen technischen Zwischenstopp handelt und er nicht mit, was weiß ich, einem Container mit Garnelen verwechselt wurde, deren Lagerbedingungen die Moiréseide der zu meinem Hocker gehörigen Sessel beschädigen könnte.

Ich wünsche Ihnen einen angenehmen Tag und verbleibe
mit freundlichen Grüßen
Georges-Édouard Leleu

So, liebe Ninon. Ich versuche, geduldig auf die Antwort zu warten, und werde Ihnen diese selbstredend weiterleiten.

Es grüßt Sie aufs Herzlichste
Aimé

(Brief zwölf Monate später mit dem Hinweis »Not delivered« retourniert.)

(ohne Ort und Datum)*

Aimé, haben Sie eine Telefonnummer?

* Briefmarke mit dem Burj Khalifa in Dubai, Poststempel unleserlich.

(ohne Ort und Datum)*

Aimé,

werde ich je zu Ihnen zurückkehren? Ich habe mich im Duty-free-Shop mit etwas Proviant eingedeckt, nachdem ich von meinem Hochregal aus den Weg dorthin ausgekundschaftet hatte. Es ist ganz einfach: Um zu dem Neonschild zu gelangen, muss man geradeaus gehen und dann links in den breiten Gang einbiegen, der zum Kai führt, danach etwa zehn Blocks schräg weiterlaufen und nach dem blauen Gebäude am Wüstenrand Ausschau halten, das am Ende eines mit Stacheldraht abgesperrten Durchgangs steht. Sobald man es sieht, muss man rechts abbiegen, anschließend gleich wieder links. Ich bewältigte die Strecke fehlerfrei, kaufte vakuumiertes Brathähnchen und Kekse, und machte mich mit einem Abstecher über den *Seamen's Club* auf den Rückweg, als die Nacht hereinbrach. Das war egal, denn die Scheinwerfer der Flutlichtanlage beleuchten die Anhänger der Zugmaschinen, die rund um die Uhr durch das schrille Gepiepse der Hafenkräne steuern, so hell wie am Tag.

Als ich beim *Seamen's Club* ankam, war dort geschlossen, und hinter der Glasscheibe hatte der Stundenzeiger der Wanduhr, ohne dass es mir aufgefallen war, eine volle Runde gedreht, seitdem ich meine Kiste verlassen hatte. Doch wen wundert's, bei der Hitze nicke ich ständig und überall ein.

Ich überlegte, ob ich bis zur Öffnungszeit warten sollte, machte mich dann aber auf den Heimweg. Das Flutlicht erlosch,

* Briefmarke mit einer Luftaufnahme der künstlichen Insel Palm Jumeirah in Dubai, Poststempel unleserlich.

und die Sonne brannte aufs Neue. Sie stand ziemlich tief, gemessen an dem Schatten, der mir von Block zu Block vorausging. Ich zählte zehn Blöcke ab, bog links in den Kaigang ein und stieß auf der Suche nach der Kreuzung, die zu den Kühlregalen führte, auf die Mole mit den Pipelines.

Ein Meeresarm trennte mich von dem Containerterminal, auf dem ich abgestellt war, ohne dass ich unterwegs geschwommen wäre.

Also machte ich kehrt, ging nach rechts, erkannte den vom Wüstensand bedeckten Gang wieder und an dessen Ende war immer noch der Stacheldraht, aber kein blaues Häuschen mehr - ich hatte meine Kiste verloren.

Ach, was habe ich gesucht! Ich habe gesucht, bis das Himmelslicht verschluckt und alles in eine Staubwolke gehüllt war. Der Sturm riss den Staub mit, und ich geriet ins Wanken. Mir wurde klar, dass ich meine Kiste nicht finden konnte, weil man sie in der Nacht angepickt und auf ein Schiff verladen hatte. Ohne mich und ohne meinen Reisepass, denn der war noch auf der *Ship Flowers*. Meine Augen brannten von den Staubkörnern, die wie trockene Wellen durch die Luft brausten, ich war blind unter einer gelben Kuppel, die ihres Gestirns beraubt war, und wurde von der nächsten Windböe weggefegt.

— Lady Shrimp?

Ein rußiges Gesicht mit halbmondförmigem Lächeln sah mich an und wackelte freundlich mit dem Kopf nach links und rechts.

— Lady Shrimp? Yes?

Der Mann tätschelte mit seinen komischen Gummihandschuhen meine Wangen und reichte mir Wasser. Ein Geschmack wie ein Staubnest in meinem müden Körper. Er deutete auf die oberste Etage eines Hochregals und gab mir zu verstehen, dass er mich heimführen wollte. Da erkannte ich Gopi, den Chef der Tiefkühlabteilung.

Er stellte mir meine neuen Nachbarn vor, die während meiner Abwesenheit eingetroffen waren. Auch sie waren auf dem Dach abgestellt worden, sodass ich lange nach einem Quader aus Kühlboxen mit einem einzigen Container obendrauf hätte suchen können; den gab es nicht mehr. Ich war verdeckt worden hinter Ladungen von Truthähnen, Enten, Kaninchen, Eiern, Zitronen, Orangen und kenianischen Rosen.

Wenn Sie erlauben, überreiche ich Ihnen in Gedanken einen Strauß davon.

Ninon

(Angabe auf der Umschlagrückseite: c/o Gopi Gundala, 3178 Naif St., Al Murar, Dubai 56482, United Arab Emirates.)

Paris, 2. Juni 2016*

Liebe Ninon,

heute Morgen kam endlich etwas Handfestes.

Eine E-Mail, die vermutlich von einer Übersetzungsmaschine geschrieben wurde und die ich hier unverändert wiedergebe:

Sehr geehrter Herr Leleu,
wir bedauern, Ihnen versichern zu müssen, dass Container 124328 fälschlicherweise für eine Garnele gehalten wurde. Unsere Dienste arbeiten daran, es so schnell wie möglich zu reparieren. Für die Spende Ihrer Bagatelle wenden Sie sich bitte an die Mutter Bebox in der Rue Lafayette 145 in Paris, der die Flotte gehört, die behauptet, sie zu besitzen.

Mit vorzüglicher Hochachtung
Stefania Papuc

Und das ist noch nicht alles!

Wenn man auf die Rubrik *Geplante Bewegungen* des Containers geht, ist jetzt das Kästchen *Umschlag* angekreuzt. Ein Datum steht dort zwar noch nicht, aber bei der *Bebox Line* im Hafen von Konstanza tut sich etwas.

Nur Mut!
Aimé

(Brief zwölf Monate später mit dem Hinweis »Not delivered« retourniert.)

---

* Brief in einfacher Ausfertigung an den *Seamen's Club* in Dschabal Ali versandt, vermutlich vor Erhalt des letzten Briefs von Ninon, in dem eine c/o-Adresse angegeben ist.

(ohne Ort und Datum)*

Liebster Aimé,

ich wage mich nicht mehr von der Stelle zu rühren.

Zu groß die Angst, mich wieder zu verirren.

Doch auch wenn ich mich nicht mehr traue, Ihre Briefe abzuholen, so will ich gerne glauben, dass Sie mir weiterhin schreiben, und daher antworte ich Ihnen heute.

An guten Tagen stelle ich mir meine Umlagerung in das neue Hochparkhaus in der Rue de la Corderie N°5 vor. Hinauf ins oberste Stockwerk, wo früher die Dienstmädchenzimmer waren. Auf der Westseite, geschützt vor dem Nordwind und an den Wintermorgen von den sonnenbeschienenen weißen Zollgebäuden erleuchtet. Ich werde meinen Transport dorthin arrangieren, koste es mich auch mein letztes Erspartes, und sollte der Gerichtsvollzieher kommen, um mich aus meiner zwischen zwei Autos geparkten Kiste zu vertreiben, erteile ihm einen abschlägigen Bescheid.

Soweit ich weiß, erscheint ein Gerichtsvollzieher nicht wie von Geisterhand. Also werde ich den Parkplatz besetzen, bis er mir die Kontaktdaten seines Auftraggebers verrät.

Wer zuletzt lacht, lacht am besten.

An schlechten Tagen sitze ich bei 40 Grad vor meinem Zuhause, die Tür offen und das Thermostat auf –10 Grad eingestellt, damit ich etwas von der Kühlung abbekomme.

Und warte.

---

* Briefmarke mit der Skipiste von Dubai, Stempel vom 10. Juni 2016.

Ich warte, dass mich die Sicherheitsleute bemerken und in die Wüste schicken, hinter den Stacheldraht. Zumindest hätte ich dort meine Ruhe. Wirkliche Ruhe, nicht das, was die Stopfen in meinen Ohren erzeugen, mit denen ich immerzu meinen Herzschlag höre.

Allein die Vorstellung, wieder das Rascheln eines Besens zu hören, der Herbstblätter vor einem Hauseingang zusammenkehrt – wird mir das je wieder vergönnt sein? Und der Sand? Wie klingt es, wenn man Sandkörner zusammenfegt wie der Mann mit der weißen Weste, der jeden Morgen rund um das Hochregal putzt?

Er zieht eine kleine rote Kiste auf Rädern hinter sich her, die er nach und nach füllt, sie ist mit einem Deckel verschlossen und hat einen Haken für Schaufel und Besen. Was er wohl macht, wenn sie voll ist? Verbrennt er den Sand wie einen Haufen Laub?

Seine Kiste ist unten links auf dem Foto, das ich Ihnen schicke. Ein Geschenk von Gopi an Lady Shrimp. Und die blaue Kiste oben in der Mitte, das ist meine. Und das davor, das bin ich. Würden Sie mir auch ein Bild schicken?

Ich denke an Sie.
Ninon

Paris, 27. Juni 2016*

Liebe Ninon,

nun bin auch ich verwirrt. Sie sagen, dass Sie sich nicht mehr rühren, und erwähnen meine Briefe nicht. Sind sie angekommen? Mein letztes Schreiben enthielt auch eine E-Mail aus Rumänien, in der stand, dass Ihr Logis von der *Bebox Line* transportiert wird, deren Muttergesellschaft in der Rue Lafayette N°145 in Paris sitzt.

Dort war ich heute.

Die elegante Gebäudefassade aus Quaderstein mit dem schmiedeeisernen, rosettenverzierten Balkon ist nur Attrappe, dahinter klafft ein fünfstöckiges Loch, durch das die Abluft der RER-Schnellbahn strömt. Weder Briefkästen oder Namen noch PIN-Tastatur an der blauen Tür, nur ein einfaches Türschloss ohne Klinke, das sich leicht knacken ließe. Aber wer sollte einen Abluftschacht der Schnellbahn aufbrechen?

Genau wie in der Avenue d'Aubervilliers N°23 in Pantin muss auch hier die Post an den Absender retourniert worden sein.

In der E-Mail war auch von einer Bagatelle die Rede, obwohl ich in Wirklichkeit von einem Hocker gesprochen hatte, den ich in einem Antikladen gesehen hatte, als ich mir ein imaginäres Vermögen aufzubauen versuchte. Ich hatte das Geschäft betreten und nach dem Preis gefragt.

— Wir führen keine Hocker, Monsieur.

— Und was ist das? – Ich wies auf den Gegenstand im Schaufenster.

* Brief an c/o Gopi Gundala, Dubai, versandt.

— Das ist das Fußbänkchen eines exquisiten Ensembles, Monsieur.
— Monsieur Leleu. Gestatten, Georges-Édouard Leleu.
— Es ergänzt diesen Fauteuil, einen Cabriolet-Armsessel mit Prägestempel Évremond Deppe.

Ein Fauteuil? Ich begutachtete den unscheinbaren Sessel von allen Seiten, bevor ich mit der Hand über den eingebrannten Stempel fuhr.
— Und was kostet es mich, auf diesem Schmuckstück zu sitzen?
— Dreißigtausend Euro.

Das ist in der Tat eine Bagatelle, und mit zweien davon ließen sich so manche Notarkosten decken. Zum Beispiel die für ein Dienstmädchenzimmer.

Werte Ninon, geben Sie die Cabriolet-Sessel, die Ihr Zuhause schmücken, bloß nicht aus der Hand.

Ich umarme Sie.
Aimé

Übrigens: Ihr Foto steht auf meinem Kaminsims.

(ohne Ort und Datum)*

Eben hat mir Gopi verkündet, dass ich am 15. Juli angepickt werde.

Mein Entschluss steht fest.

Lieber im Meer versinken und einen CDS bedienen, als in einem Kühlschrank mitten in der Wüste über den Jordan zu gehen.

N.

---

* Briefmarke aus den Vereinigten Arabischen Emiraten, Poststempel unleserlich.

Paris, 11. Juli 2016

Ahoi!

(Verfasst auf der Rückseite einer Postkarte,
die einen von Cézanne portraitierten Gärtner zeigt,
per Express an c/o Gopi Gundala, Dubai.)

II

ZURÜCK AUF SEE

auf dem Chinesischen Meer,
im Sommer*

Aimé, ich habe meinen alten Platz wieder!

Meine Umlagerung verlief schnell und unbürokratisch. Ich hatte beschlossen, in meinem Container zu verharren, im Dunkeln. Ein Van Carrier kam und setzte mich auf einen Lkw, der nicht lange fuhr. Er hielt an und in weniger als drei Minuten ging es erst hoch, danach ein Stück nach vorne und nach unten, dann war ich abgestellt.

Ich wartete noch etwas, regungslos, wie lange weiß ich nicht genau. Hoffentlich haben sie mich auf das richtige Schiff gebracht, hoffentlich haben sie mich nicht hinten bei den Tiefkühlwaren einsortiert ... Das sagte ich mir in einer Tour, voller Angst vor einem weiteren Irrtum, und dann schlief ich ein.

Das Geschaukel weckte mich. Die Schiffsschraube drehte sich, drehte ohne zu stocken, gleichmäßig wie ein Herzschlag. Man muss liegen, um den Puls des Schiffes zu spüren, und so habe ich ihn lange gemessen.

Die Leinen waren losgemacht, und ich war wieder auf See.

Ich erhob mich im Dunkeln und öffnete die Tür einen Spaltbreit. Zwei Glaskugeln, der Mond und die Sonne, standen

* Stempel aus Xiamen, 5. August 2016.

einander gegenüber. Wer war wer? Ich machte die Tür weit auf, hinaus in die Hitze, durch die eine salzige Brise wehte. Meine Sachen waren unberührt: der Klapphocker, festgeleint an der Reling des handtuchgroßen Balkons, die Plastiktüte mit den Wäscheklammern und der Ingwerbeutel gegen Seekrankheit. Die Kette am oberen Ende der Leiter, die zum Deck hinunterführt, war immer noch mit einem Schäkel verschlossen. Ich setzte mich und frühstückte Schiffszwieback und Wasser. Zum Mittagessen würde ich ins Deckshaus gehen. Davor wollte ich herausfinden, was der Mond und was die Sonne war, und ob es hinter dem Nebel, der das Meer und den Himmel zu einem einzigen goldenen Schleier verschmolz, einen Horizont gab. Doch ich fand es nicht heraus. Die beiden Kugeln verschwanden mit einem langsamen Fingerschnipsen und mit ihnen legte sich die Brise. Übrig blieb nur das Rauschen des Meeres, im Takt des sanft dahingleitenden Schiffes.

Mich erwartete ein großer Hausputz, der Wüstensand hatte sich überall festgesetzt. Ich wollte mich später darum kümmern, jetzt aber blickte ich gebannt auf das Schiff, ein großes schwarzes, rohrumschlungenes Gerippe, das unvermittelt aus einer der vier Himmelsrichtungen aufgetaucht war. Langsam dahinschwebend erreichte es eine andere Himmelsrichtung und verschwand in der Ferne, verblasste in der schwülen Luft.

Kein einziger Vogel, nicht ein Fisch; es war spät geworden, zu spät zum Reinemachen, daher stieg ich zur Brücke hinunter und ging zum Essen ins Deckshaus.

Mein Gedeck stand auf dem Mannschaftstisch an der gewohnten Stelle, vor dem Bullauge, das die Container aus dem zweiten Stock verdeckten. Zwei Inder waren nach Hause gefahren, zwei andere eingetroffen. Die alten stellten mich den neuen vor:

— Shoe box one two four three two eight.

Schuhkarton 124328, das ist mein Spitzname. Maskottchen wäre mir lieber gewesen, aber wie sagt man das auf Englisch?

Also aß ich schweigend.

Als sie zum Rostklopfen loszogen, ging ich zurück in meine Kiste, nach einem Umweg über die Altpapiersammlung, wo ich neue Endlosblätter gefunden habe, auf deren Rückseite ich Ihnen nun schreibe.

Nun muss ich warten, bis wir – in wer weiß wie vielen Tagen – den nächsten Hafen anlaufen, um diesen Brief abzuschicken.

Nehmen Sie es mir nicht übel, wenn ich bis dahin mit Ihrem Bild plaudere, das in einem Spalt an meiner Tür steckt. Mit gefalteten Händen sitzen Sie auf einem Stuhl im Schatten eines Baumes und tragen ebenfalls einen schönen Hut. Sie lauschen mir in der Nachmittagssonne, und der Gedanke an unsere gemeinsamen Momente erfüllt mich mit Freude.

Ich umarme Sie.

Ninon

Paris, 6. August 2016*

Liebste Ninon,

als ich aus persönlichen Gründen auf dem Friedhof Père-Lachaise spazieren ging, kam mir eine Idee, die vielleicht zu LeRoy führen könnte.

Auf dem Heimweg machte ich einen Abstecher in die Bibliothek, um sie gleich in die Tat umzusetzen.

Hier der Reklamezettel, den ich am Computer schrieb, ausdruckte und unverzüglich ans *Family Office* schickte.

Grabschmuck-Dienst

Sie müssen Ihren Verpflichtungen im Ausland nachkommen?
Ihr Gärtner Aimé überbrückt die Distanz.

Sie haben keine Zeit,
das Andenken Ihrer Liebsten zu ehren?
Ihr Gärtner Aimé stellt Ihnen die seine zur Verfügung.

Dreimasterblumen und Quecke
überwuchern Ihre verstorbenen Angehörigen?
Ihr Gärtner Aimé macht klar Schiff.

Absolute Diskretion — alle Zahlungsarten.

Aimé Cosat
Square Gardette N°14, 75011 Paris, France

* Brief in dreifacher Ausfertigung versandt.

Diese Hoffnung sollten wir uns nicht nehmen lassen, liebe Ninon.

»Wichtig ist nicht, dass der Kerl so klein ist, sondern Einzelkind. Suchen Sie die Mutter, und Sie werden den Sohn finden«, riet mir Clémentine Noisette, als ich ihr vor der Fassade des RER-Schachts mein Leid klagte.

LeRoys Adressen sind nutzlos. Meine Adresse ist es nicht. Ob er sich persönlich an einen Normalsterblichen wenden kann, um darum zu bitten, das Grab seiner Mutter mit Blumen zu schmücken?

Wir werden es herausfinden.

Ich bin entzückt über Ihr neues Briefpapier. Früher schrieben Sie mir auf der Rückseite der Geschwindigkeitsanzeige Ihres Containerschiffs, jetzt scheint es sich um Sonaraufnahmen vom Meeresboden zu handeln.

Ich umarme Sie.
Aimé

PS: Der Bau des Hochparkhauses in der Rue de la Corderie N° 5 ist zum Erliegen gekommen; eine Anwohnerbeschwerde hat das Projekt auf Eis gelegt.

auf dem Mittelmeer,
im Sommer

Liebster Aimé,

wieder einmal – ich kannte das Spiel schon – mussten wir tagelang vor Malta unsere Runden drehen, das Schiff sammelte Verspätung an und der Zwischenstopp in Fos fiel aus.

Ich konnte die Ehrenamtlichen im *Seamen's Club* nicht fragen, ob ich bei ihnen unterkommen darf, wenn ich die *Ship Flowers* verlasse.

Was soll's, das hier wird trotzdem meine letzte Tour. Ich bin es leid, meine Knochen sind eingerostet, die Gelenke steif, jeder Schritt ist eine Qual.

Aber kein Grund zur Sorge, ich habe ohnehin keine Zukunftspläne.

Ich wollte um die Welt reisen. Das war mein Traum. Nach zwei Jahren hatte es sich ausgeträumt. Sowas kommt vor. Man muss auch verlieren können.

Jetzt drehe ich meine letzte Runde im Schuhkarton. Lady Shrimps Abschiedstournee.

In weniger als 77 Tagen trete ich von der Bühne ab. Hoffentlich unter der Woche. Dann hat die Post auf und ich kann die tausend Euro von meinem Nachhaltigkeitssparbuch abheben, um mich eine Weile über Wasser zu halten.

Mit seinen Siebensachen aufzubrechen, ist das Eine – mit seinen Siebensachen und zwei Cabrio-Sesseln zurückzukommen, eine ganz andere Hausnummer. Da sie vermutlich zu sperrig für das Fallreep sind, werde ich darum bitten, dass man sie in einem Netz auf den Kai hinunterlässt. Und wenn das keiner macht? Dann werfe ich sie über Bord. Wie ich sie schützen kann, weiß ich schon. Ich umwickle sie mit alten Tauen. Davon habe ich eine bunte Sammlung. Grüngrau, blau, blutrot, smaragdgrün – das wird eine Augenweide.

Meine Kiste aber bleibt, wo sie ist. Der Transport wäre zu kompliziert.

Und dann?

In der Ruhe liegt die Kraft.

Trotzdem werde ich nicht bis zum *Seamen's Club* in Dschabal Ali warten, um Ihnen diesen Brief zu schicken.

Ich habe noch einen Stapel versandfertiger Umschläge. In einen davon stecke ich den Brief und übergebe ihn dem Lotsen, der bei unserem nächsten Zwischenstopp an Bord kommt, um das Schiff aus dem Hafen zu führen.

Ich werde vor dem Fahrstuhl zum Deckshaus nach ihm Ausschau halten, und wenn wir das offene Meer erreicht haben und er von der Kommandobrücke herunterkommt, kurz bevor er den nur der Mannschaft zugänglichen Maschinenraum betritt, drücke ich ihm den Brief in die Hand.

Und während der Lotse im Schiffsbauch verschwindet, wechsle ich auf die Steuerbordseite neben das Rettungsboot und beuge mich über die Reling, um zu sehen, wie er in der geheimen Luke im Schiffsrumpf, steil über dem Meer, wieder auftaucht.

Er wird die Strickleiter ergreifen, die außenbords herabgelassen ist, in der Luft hängen und dann, vom Wind gepeitscht, Sprosse um Sprosse die zehn Meter bis zum Motorboot hinabschlingern, das ihn zurück an Land bringt.

Dann verschwindet mein persönlicher Briefträger in der Ferne, ein in die Freiheit entflohener Bote, und lässt mich allein zurück, vor der in allen Himmelsrichtungen genau gleichen Kulisse: dem kreisrunden Horizont.

Ja, Aimé, Sie haben Recht. Nur Mut!
Ninon

(Stempel aus Beirut, 28. September 2016. Da Passagiere auf Handelsschiffen dort nicht von Bord gehen dürfen, deutet alles darauf hin, dass es Ninon gelang, den Brief dem Hafenlotsen mitzugeben und dass dieser ihn abgeschickt hat.)

Paris, 5. Oktober 2016*

Meine Liebe,

der Reklamezettel an das *Family Office* hat sich ausgezahlt. Jetzt kann ich auf dem Père-Lachaise einen ganzen Parcours von VIPs abstecken, deren Kinder alles daran setzen, ihr Erbe in Steuerparadiesen zu optimieren. Und das seit Jahren, wenn ich mir den verwahrlosten Zustand der Gräber so ansehe.

Lotte LeRoy liegt im Chemin du Coq und meine übrige Kundschaft – sind das eigentlich diejenigen, deren Gräber ich schmücke, oder jene, die mich darum bitten? – ist über den Chemin du Quinconce, den Chemin de la Cave, den Chemin Serré und den Chemin Léger verstreut.

Wenn wir nun die Erben der lieben Verblichenen als meine Auftraggeber betrachten, dann sitzen sie auf den Bahamas, den Britischen Jungferninseln, auf Vanuatu, Samoa, den Kaimaninseln und auf Jersey.

Nur war auch das wieder ein Schlag ins Wasser.

Die Aufträge für die Blumen kommen per Post, in Form einer Handvoll Dollar und einem Zettel mit dem Namen des Verstorbenen sowie der Lage des Grabes.

Die Adresse des Kunden steht nie dabei. Mit den frankierten Umschlägen könnte man bestenfalls eine Briefmarkensammlung der Offshore-Welt anlegen.

Während Sie, liebe Ninon, sich im Kreis drehen, gehe ich immer wieder baden.

---

* Brief in einfacher Ausfertigung nach Dschabal Ali versandt.

Dabei existiert das Gegenüber Ihres Vertrags sehr wohl, wo es mich doch mit Blumen für ein Grab beauftragt. Und mich dafür bezahlt. Aber ist das nicht auch nur eine Gegenleistung? Wie wird man des Gegners habhaft?

Nicht ertappt, nicht geschnappt.

Die Zeit verrinnt und mir gehen die Ideen aus.

Auch bin ich meinerseits im Begriff zu verschwinden. Wie in den Augen von Clémentine Noisette, die mich nicht mehr erkennt. Es bleiben nur Sie, liebe Ninon, Sie und Ihr Schmerzensort, einer der 21.500 winzigen, die Meere durchkreuzenden Punkte auf der Weltkarte des Schiffsverkehrs, die ich im Netz entdeckt habe.

Die Karte wird in Echtzeit aktualisiert, so kann ich Sie Stunde um Stunde begleiten.

Ich verfolge Ihre Schleifen und Kreise auf dem Wasser, und bei Sturm bange ich mit Ihnen.

Während ich diesen Brief beende, schippern Sie bei heißen 30 Grad mit einer Geschwindigkeit von 8 Knoten durch den Golf von Oman. Ihr Breitengrad ist 15° Nord und Ihr Längengrad 57° Ost.

Und ich weiß jetzt, dass Sie diesen Brief in Dschabal Ali lesen werden, genau wie den letzten, den Sie nicht erhalten haben, da Ihr winziger Punkt nicht in Fos angelegt hat.

Ich freue mich auf baldige Neuigkeiten von Ihnen.

Aimé

Seamen's Club von Dschabal Ali,
16. Oktober 2016

Lieber Aimé,

bei einem Spaziergang – wie gerne stelle ich mir vor, Sie auf Ihren Wegen zu begleiten – habe ich unter den Arkaden der Brücke einen Schatz gefunden. Er lag am Fuße eines Containerturms: groß wie vier Schokoladenstücke, münzdick und mit zwei Ohrstöpseln, die an einem kanariengelben Kabel hingen.

Ein verlorenes Taschenradio.

Wie das mit dem Empfang funktioniert? Ist mir schleierhaft und auch piepegal.

Ich brauche meine Tischgenossen nicht mehr zu fragen, auf welcher Route wir uns befinden; sie wissen es ohnehin nie, weil sie bloß neun Monate zum Rostklopfen da sind.

Jetzt antwortet mir der weite, unendliche Horizont.

Mit einem Sirtaki? Dann ziehen wir an Kreta vorüber. Mit einem Lied, dessen schlichte Worte mir das Herz zerreißen: *amore, addio, mondo, nostalgia, terra, fantasia*? Folgt darauf ein weiteres, das in leisen Pizzikati hinter einer Wolke über dem Meer verklingt wie der Flügelschlag eines Vogels, einsam und allein? Dann gleiten wir an der italienischen Halbinsel vorbei.

Mit einer Litanei von Versen, die *ad nauseam* psalmodiert werden? Dann ist Saudi-Arabien nicht weit, am unsichtbaren Ufer. Mit einer einfachen Melodie aus Klagegesang, Saiteninstrument und getrommeltem Rhythmus? Wenn es nicht der Jemen ist, dann ist es der Oman. Mit endlosem Gegeige und schnulzigem Gedudel? Dann liegt Pakistan steuerbords, oder vielleicht der Iran?

Ob es mir wohl gelingt, indische und chinesische Musik auseinanderzuhalten?

Jetzt, da ich meinen musikalischen Kompass habe, lieber Aimé, werde ich es Ihnen bald verraten können.

Ich beende diesen Brief an Sie, während ich an einem Tisch im *Seamen's Club* von Dschabal Ali sitze. Von Ihnen habe ich zwei Briefe erhalten, die ich auf dem Meer lesen werde. Der Minibus, der mich zum Schiff zurückbringen soll, wartet schon, und ich habe solche Angst, wieder in der Wüste abgestellt zu werden.

Auf bald, mein Lieber!
Ninon

PS: Geschafft! Die Cabriolets sind eingepackt. Sie sehen entzückend aus.

Square Gardette,
25. Oktober 2016*

Liebe Ninon,

es ist mir eine Freude, an Ihrer letzten Rundfahrt teilzuhaben.

Als ich gestern Nachmittag die *Ship Flowers* angeklickt habe, bogen Sie gerade in die Straße von Malakka ein. An Ihrem Horizont müssten sich nun Land und Wolkenkratzer abzeichnen. Und wie ist das Licht? Würden Sie es mir beschreiben?

Auf dem Rückweg von einem Termin machte ich im Taxi einen Umweg über die Rue de la Corderie. In der Nummer 5 wird wieder gebaut, ein neues Projekt. Mit dem Hochparkhaus und der Firma *Sycomorus* ist es vorbei, jetzt soll ein Data Center entstehen, beauftragt von der Firma *Géotron* mit Sitz in der Rue Stendhal N°14.

Den Spaziergang dorthin kann ich mir sparen, da ist ein Speicher der Stadt Paris für nicht trinkbares Wasser. Er liegt unterirdisch, bedeckt mit einem gepflegten Rasen. Es gibt dort kein Gebäude, in dem sich ein Unternehmen befinden könnte.

An Clémentine Noisettes Haus wurde ein großes Banner mit der Aufschrift »Nein zum Data Center, nein zum Lärm!« angebracht und die Anwohner haben eine neue Beschwerde eingereicht, denn offenbar verursacht ein solcher Bau einen Heidenkrach. Um die größtmögliche Rechenleistung zu erbringen, laufen die Computer auf Hochtouren, weshalb sie durchgehend gekühlt werden müssen; das erfordert eine riesige Klimaanlage, die rund um die Uhr in Betrieb ist und ein Dauerbrummen erzeugt.

---

* Brief in einfacher Ausfertigung nach Xiamen versandt.

Vielleicht wäre ein Parkhaus dann doch besser gewesen. Da hätte Ihre Kiste ein ruhiges Plätzchen gefunden.

Apropos: Ich überlege immer noch, wie wir LeRoy dazu bringen könnten, seines zu verlassen. Schnittblumen haben sich als ungeeignet erwiesen, womit ließe sich ein Hai wohl besser locken – vielleicht mit Frischfleisch? Dazu taugen wir nicht mehr, also was tun? Die Telefonistin des *Family Office* als Geisel nehmen und ihren Kopf gegen seinen verhandeln?

Soweit meine neueste Idee. Eine sehr armselige, gebe ich zu.

Seien Sie herzlich umarmt.
Aimé

PS: Die Dollars für die Grabblumen sprudeln nach wie vor. Angesichts meiner zunehmenden Erschöpfung träte ich diese Aufgabe nur allzu gerne an Sie ab.

Xiamen, 5. November 2016

Liebster Aimé,

nur noch 39 Tage, dann verlasse ich das Meer.

Meine Siebensachen und ich sind bereit.

Dürfte ich die Cabriolet-Sessel bei Ihnen in Pension geben, bis ich sie verkauft habe? Sie schrieben, dass Sie ein Dienstmädchenzimmer bewohnen. Vielleicht ist es zu klein? Antworten Sie ganz ehrlich.

Sie fragen nach dem Licht, aber das, Aimé, beschreibe ich Ihnen am besten persönlich, denn ich kehre ja heim.

Erzählen Sie mir lieber noch mehr, damit ich mich darauf einstelle. Womit schmücken Sie Lotte LeRoy? Und wie oft? Ein Strauß pro Monat, pro Woche? Nichts für ungut, aber ich würde sie am liebsten von Dreimasterblumen zuwuchern lassen.

Ach, Aimé! Die Entscheidung fiel mir so schwer, und nun kann ich es kaum erwarten.

Ich umarme Sie voller Vorfreude.

Ninon

(ohne Ort und Datum)*

Eine Lagerhalle!

Ja, Aimé, man hat versucht, mich in eine Lagerhalle zu sperren!

Die *Ship Flowers* hatte in Shanghai angelegt, drei der vier Ausleger waren schon hochgeklappt, die Abfahrt nahte; ich verschloss meine Tür vor der Nebelwand, strich den vergangenen Tag aus dem Kalender, jetzt noch 32 – da schwante mir, dass alles aus war und ich den Kalender in die Tonne werfen konnte.

Ohne Vorwarnung wurde ich angepickt, von einem Lastwagen weggefahren und schnurstracks in einen fensterlosen Raum verbracht, wo mich zwei kleine Hände in weißen Handschuhen erwarteten, die behutsam meine Containertür öffneten und mich lächelnd und kopfnickend begrüßten.

Sie gaben mir zu verstehen, dass ich mich mit dem Rücken zu einer Staffelei setzen sollte, während sie eine Bestandsaufnahme meiner Kiste machten und in einem Heft alles notierten, was sich darin befand, wobei sie mit ihren Seidenhandschuhen jede einzelne meiner Sachen berührten und sich eine ganze Weile vor dem Gewirr aus verblassten Festmacherleinen aufhielten, die die Cabrios umhüllten. Als die Inventur beendet war, forderten sie mich auf, wieder in den Container zu steigen, der auf einem Gabelstapler stand, und begleiteten mich durch ein Labyrinth aus kahlen, neonbeleuchteten Gängen, in denen sich eine codegesicherte Stahltür an die nächste reihte. Ich wusste, dass ich angekommen war, als ich in einer

* Stempel aus Shanghai, 14. November 2016.

der abschließbaren Boxen, an denen wir vorbeifuhren, auf einem Stapel Weinkisten die Porzellanvase von Lotte LeRoy entdeckte.

Ich hob den Blick, um ein letztes Mal in den Himmel zu schauen. Zwar sah ich nur die Betondecke, doch wurde mir klar, dass ich gerade noch einmal davongekommen war. Solange man meinen Container nicht auf die Seite kippte, war er zu hoch, um durch die Tür zu passen.

Ich wurde ans Ende eines Ganges verbannt, wo ich die Nacht verbrachte. Tags darauf nahm ich auf dem Weg zum Frühstück meinen Nachttopf mit in die Lounge. Niemand wollte ihn leeren, und meine Kiste und ich wurden flugs in einem Showroom mit eigener Toilette abgestellt.

Seither lebe ich wie die Made im Speck.

Schluss mit den Ozeanen, der Kerosinfahne, der Fabrik unter freiem Himmel und den herabfallenden Rußteilchen.

Man reicht mir die Speisekarte, ich wähle zufällig aus den Schriftzeichen, dann wird das Essen auf einem Servierwagen gebracht. Mir ist nicht mehr zu warm oder zu kalt. Es gibt weder Wind noch wechselnde Lichtverhältnisse. Nur gedimmte Lampen. Außerdem dicken Teppichboden und eine tägliche Zimmerreinigung.

Früher habe ich als Concierge die Rue de la Corderie N° 5 gehütet, jetzt bin ich die stille Hüterin einer Festung.

Nur stand das nicht im Vertrag.

Als ich dies an der Rezeption klarstellte, reichte mir die Empfangsdame ein Tablet, über das ich meine Reklamation melden konnte.

Lieber Aimé, Sie werden es nicht glauben.

Auf dem Bildschirm erschien eine leere weiße Seite, und darauf oben links:

to: richardleroy@rlr.ba

Sofort habe ich ihm geschrieben:

Sehr geehrter Richard LeRoy,

ich hoffe, diese E-Mail erreicht Sie bei bester Gesundheit. Mir jedenfalls geht es gut.

Wir haben einen Vertrag geschlossen, in dem Sie mir Kost und Logis gewährten. Sie haben Ihr Versprechen gehalten und ich meines. Bis zu jenem Tag, an dem Sie einseitig entschieden, mich in Ihren Lagerraum zu sperren. Natürlich bin ich dankbar, dass Sie mir denselben Wert wie der Porzellanvase Ihrer Mutter beimessen. Allerdings ist es unerheblich, ob Sie mich wegsperren oder von der Landkarte streichen. Sie sind zwar ein Meister des Verschwindens – wie die unzähligen Briefe beweisen, die ich Ihnen aus aller Welt geschickt habe und die mit dem Hinweis »Empfänger nicht zu ermitteln« zurückkamen –, ich aber verschwinde nicht.

Folglich stehe ich bereit, wieder in den Verkehr gebracht zu werden. Und das unverzüglich, denn ich habe Besseres zu tun, als in einem Showroom zu reifen, um wie Ihre Weinkisten im Wert zu steigen.

Mit freundlichem Gruß
Ninon Moineau

Die Antwort ließ nicht lange auf sich warten:

»Ihre Nachricht wird nicht bearbeitet while Geschäftsreise nach Kenia.«

Mit dem Rechtschreibfehler im Original. Die Empfangsdame erkundigte sich auf Englisch, weshalb die Nachricht zurückgekommen war. Wird nicht bearbeitet? Wie sollte ich ihr das in einer Sprache erklären, die ich nicht beherrschte? Ich gab auf und ging zurück in den Showroom.

In meine Box.

Sie ist ganz schön in die Jahre gekommen. Überall Rost, der Lack abgeblättert, der Fußboden und die Wände aus Bambus verzogen, das Türgestänge lose.

Und dennoch hoffe ich, darin noch das Herz der Schiffsschraube schlagen zu hören, die mich zu Ihnen führen wird.

Ninon

(Verfasst auf einem Blatt mit dem Briefkopf des Freihafens Shanghai, Huashen Rd, Pudong Xinqu, Shanghai Shi, China — 上海市浦东新区华申路.)

Square Gardette, 2. Dezember 2016

Liebste Ninon,

ich schreibe Ihnen nur kurz, nehmen Sie es mir nicht übel.

Meine wachen Stunden sind gezählt. Die vielen Tabletten ermüden mich.

Jeder Brief von Ihnen, sie liegen alle neben mir, bedeutet mir viel.

Gewissermaßen sind auch Sie eine kleine Hand, die mir eine unerreichbare Welt eröffnet.

Passen Sie gut auf sich auf!

Aimé

Shanghai, 17. Dezember 2016

Liebster Aimé,

Ihr Brief lag neben dem Mittagessen auf dem Tablett vom Zimmerservice.

Er war wie ein Sonnenstrahl in einer dunklen Festung, in der ich alle Zeit der Welt habe, weshalb ich etwas davon verstreichen ließ, bevor ich den Umschlag öffnete und Sie in Gedanken aufs Rote Meer mitnahm, an den Golf von Aden.

Es ist früh am Morgen, wir stehen auf dem Balkon vor meiner Kiste und beobachten, wie die Sonne, die noch nichts weiter als eine rote Kugel ist, im Nebel auftaucht und auf einer Wolke landet.

Dort, genau vor uns.

Bevor sie hoch über unsere Köpfe hinaufsteigt.

Es herrscht eine drückende, tränenfeuchte Hitze, die den ganzen Tag anhalten wird, und man ist zum Nichtstun verdammt.

Der Nachmittag wird vorübergehen, dann schlägt die Stunde des Aperitifs und wir werden die beiden Cabriolet-Sessel nebeneinander auf den kleinen Balkon stellen, wo wir ein Glas maltesischen Wein aus dem Kiosk im Deckshaus trinken.

Wir beobachten, wie die Sonne untergeht.

Dort, genau vor uns.

Überrascht und verzückt zugleich werden Sie die Augen aufreißen: Die Sonne geht da unter, wo sie aufgegangen ist.

Hätten wir einen Schiffskompass, dann wüssten wir, dass das nicht stimmt und wir im Laufe des Nachmittags den Kurs gewechselt haben, um in den Golf von Aden einzufahren, sodass der Osten in den Westen gewandert ist. Doch wir haben keinen, daher nehmen wir das Unmögliche einfach hin und ergeben uns dem süßen Rausch, während die Nacht hereinbricht.

Sie schreiben, dass Ihre wachen Stunden gezählt sind – Ihre Tage sind es aber hoffentlich nicht?

Ich wünschte, ich könnte Ihnen helfen, Ihnen nahe ~~kommen~~ sein, und kann Ihnen doch nur diese kleine Aufmerksamkeit schicken.

Ich denke an Sie.
Ninon

(Dem Brief lag eine Schachtel mit einem Mondkuchen bei.)

(ohne Ort und Datum)

Der Gabelstapler kam lautlos auf seinen Gummireifen angerollt. Die Tür zu meinem Showroom wurde geöffnet und als eine kleine Hand in weißen Handschuhen mir den Zettel hinhielt, auf dessen Rückseite ich Ihnen schreibe, wusste ich, dass er meinetwegen da war.

Wo soll er mich hinbringen?

Aimé, können Sie meinen Bestimmungsort herausfinden?

(Geschrieben auf der Rückseite eines auf Mandarin verfassten Abholscheins.)

III

AN LAND

BBLU 124328
Valletta Camp
242 T, Napoleon Road
Malta City 1100
Malta

z.Hd. Ninon Moineau

Sehr geehrte Frau Moineau,

da uns der Ortungs- und Tracking-Dienst vom *Bureau International des Conteneurs* mitgeteilt hat, dass BBLU 124328 im Hafen von Marsaxlokk auf der Insel Malta entladen und an das Flüchtlingslager Valletta geliefert wurde, leiten wir Ihnen nachstehend ein Schreiben weiter, das in Kopie ebenfalls nach Fos-sur-Mer, Dschabal Ali und Xiamen versandt wurde.

Maître Carré
2 Rue de Saint-Pétersbourg
75008 Paris
France

Paris, 6. Januar 2017

Betreff: Nachlass Aimé Cosat

Sehr geehrte Frau Moineau,

Herr Aimé Cosat, verstorben am 29. Dezember 2016, hat Sie als Alleinerbin eingesetzt.

Ihnen steht eine Frist von sechs Monaten zu, um sich zu dieser Zuwendung zu verhalten.

Sobald Ihre Entscheidung feststeht, übersenden Sie unserer Kanzlei bitte folgende Dokumente:

- Geburtsurkunde (Original)
- gültiges Ausweisdokument (Kopie)

Auf ausdrücklichen Wunsch des Verstorbenen erhalten Sie beiliegend eine Kopie des Ursprungsnachweises von zwei Cabriolet-Armsesseln, unterschrieben von Clémentine Noisette.

Einstweilen verbleibe ich
mit freundlichen Grüßen
Maître Carré

Malta, 16. Januar 2017

Sehr geehrter Herr Rechtsanwalt,

Ihr Schreiben hat mich zutiefst erschüttert.

Ich war im Begriff, Aimé Cosat einen Brief zu schicken. Sie teilen mir mit, dass er tot ist.

Zwar hatte er mir berichtet, dass seine Tabletten ihn entkräfteten, aber daraus zu schließen, dass er seine letzten Tage verlebte, lag für mich jenseits des Vorstellbaren.

Ich bin auf Malta in einem Transitlager gestrandet und warte auf neue Papiere, nachdem ich meinen Reisepass als verloren gemeldet habe, da er an meinem letzten Wohnsitz verblieben ist, der *Ship Flowers*.

Hiermit schicke ich Ihnen das von den Behörden ausgestellte Ersatzdokument. Ist das ausreichend, um meine Existenz zu beweisen?

Herr Cosat hatte mir erzählt, dass er Gärtner war und ein Dienstmädchenzimmer bewohnte. Viel mehr weiß ich nicht von ihm. Könnten Sie mir erläutern, was Sie mit »Zuwendung« meinen?

Mit bestem Dank
Ninon Moineau

Maître Carré
2 Rue de Saint-Pétersbourg
75008 Paris
France

Ninon Moineau
BBLU 124328
Valletta Camp
242 T, Napoleon Road
Malta City 1100
Malta

Paris, 26. Januar 2017

Sehr geehrte Frau Moineau,

die Zuwendung setzt sich wie folgt zusammen:

Nachlasswert

1) Das Volleigentum an einem Zimmer von 9 Quadratmetern Größe in Paris, Square Gardette №14, mit einem Verkehrswert von 62.400 Euro

2) Der auf einem Girokonto bei der Postbank vorhandene Saldo in Höhe von 423,47 Euro

Daraus ergibt sich:

Nettonachlass	62.823 Euro
Steuerfreibetrag	1.594 Euro
Bemessungsgrundlage (mit 60% zu versteuern)	61.229 Euro
Zu entrichtende Steuern:	36.737 Euro

(Ratenzahlung über drei Jahre möglich)

Ich hoffe, Ihnen mit diesen Informationen weitergeholfen zu haben, und stehe für Rückfragen gerne zur Verfügung.

Maître Carré

Malta, 6. Februar 2017

Sehr geehrter Herr Rechtsanwalt,

irre ich mich oder sind die zu entrichtenden Steuern ein Tippfehler?

Freundliche Grüße sendet
N. Moineau

Paris, 14. Februar 2017

Sehr geehrte Frau Moineau,

mit der Problematik der Erbschaftssteuer in Höhe von 60 %, die bei einem nicht blutsverwandten Erben anfallen, hatte sich Aimé Cosat bereits auseinandergesetzt. Wir erörterten das Thema gemeinsam, und Herr Cosat schlug vor, dass Sie Ihre Cabriolet-Sessel versteigern könnten.

Wie es scheint, besteht diese Möglichkeit auf Malta. Sie könnten einen Sachverständigen bestellen, der den zu erzielenden Schätzpreis ermittelt. Anbei übersende ich Ihnen die Adressen von drei potenziell interessierten Auktionshäusern. Da wir keine Zweigstelle auf Malta haben, kann ich Ihnen leider keine Empfehlung aussprechen.

Mit den besten Grüßen
Julien Carré

Malta, 10. März 2017

Sehr geehrter Herr Rechtsanwalt Carré,

der Sachverständige befand es für unnötig, den Wert der Cabriolet-Sessel zu schätzen. Die Seeluft hat ihnen zu sehr zugesetzt, als dass sie noch verkäuflich wären.

»Entsorgen Sie sie«, sagte er.

Diese Mühe mache ich mir nicht.

Ich werde sie in meiner Kiste lassen, und die bleibt da, wo sie ist: im Eingangsbereich des Lagers, neben dem Häuschen des Aufsehers, der das Kommen und Gehen der illegalen Einwanderer kontrolliert, aber nicht die Wanzen und Schaben, die ganz nach Gusto ein- und ausgehen können.

Und da ich – genau wie sie oder die dreibeinige Ratte, die unbeirrt in den Latrinen und dem Unrat am Straßenrand jenseits des Zaunes herumspaziert – Bewegungsfreiheit genieße, werde ich diese nutzen und baldmöglichst von hier fortgehen.

Dürfte ich zu diesem Zweck um einen Vorschuss in Höhe von 250 Euro vom Girokonto des Verstorbenen bitten, um die Fähr- und Busreise zu bezahlen? Sobald ich wieder auf französischem Boden bin, werde ich den Betrag von meinem Nachhaltigkeitssparbuch abheben und das Geld zurückzahlen.

Darüber hinaus nehme ich hiermit den Nachlass von Herrn Cosat an, ungeachtet der damit für mich verbundenen Kosten.

Mit freundlichen Grüßen
Ninon Moineau

Ninon Moineau
14 Square Gardette
75011 Paris

An das Family Office

Paris, 18. April 2017

Sehr geehrte Damen und Herren,

ich wende mich an Sie, nicht ohne mich vergewissert zu haben, dass sich am Boulevard de Courcelles N°72 weder ein Wasserturm noch Gemüsegärten oder RER-Abluftschächte befinden, sondern tatsächlich ein Bürogebäude mit einer Empfangsdame, der ich diesen Brief persönlich übergebe. Da ich unlängst ein Dach über dem Kopf geerbt habe, benötige ich das von Richard LeRoy bereitgestellte Logis nicht mehr.

Ich habe es auf Malta zurückgelassen und händige Ihnen gerne den dazugehörigen Schlüssel aus.

Was die Kost angeht, so würde ich es begrüßen, wenn Sie in meinem Namen der Frau des Aufsehers vom Flüchtlingslager Valletta und dem Koch der *Ship Flowers* ein Trinkgeld überweisen könnten.

Vielen Dank im Voraus.
N. Moineau

Family Office
72 Boulevard de Courcelles
75008 Paris

Sehr geehrte Frau Moineau,

Ihre Nachricht wird weitergeleitet.

Freundliche Grüße
[Unterschrift unleserlich]

An die Hausverwaltung

Paris, den*

Betreff: Mülltonnen

Sehr geehrte Damen und Herren,

als Neuzugang im 11. Arrondissement und ehemalige Concierge des Wohnhauses in der Rue de la Corderie N°5, das bis auf die Fassade abgerissen wurde, biete ich Ihnen hiermit an, während der Sommerferien die Mülltonnen der von Ihnen verwalteten Eigentumswohnungen an die Straße zu stellen.

Biete langjährige Erfahrung und absolute Zuverlässigkeit.

Kontakt:
Ninon Moineau
14 Square Gardette
75011 Paris

---

* Briefvorlage im Mai 2017 in vierzehnfacher Ausfertigung an alle Hausverwaltungen im 11. Arrondissement versandt.

An:
Capucine Liseron
53 Route Cézanne
13100 Beaurecueil

Paris, 20. August 2017

Liebe Frau Liseron,

per Zufall bin ich durch ein Lesezeichen, das in einem Buch steckte, auf Ihre Kontaktdaten gestoßen.

Als ich das Buch im Namen eines Verstorbenen in die Bibliothek zurückbringen wollte, las ich, dass Sie auch Baby- und Erinnerungsalben anfertigen.

Gerne möchte ich Sie anlässlich des ersten Sterbetags von Herrn Cosat, einem befreundeten Gärtner, mit der Erstellung eines solchen Albums betrauen. Dazu könnte ich Ihnen unsere gesammelte Korrespondenz zukommen lassen, die ich in einem mit Bastband verschnürten Pappkarton aufbewahre.

Da ich Herrn Cosat nie leibhaftig begegnet bin und auch kein Foto von ihm habe, wäre es schön, sein Portrait auf Papier zu besitzen, denn etwas in der Art wäre es doch, oder?

Ich hoffe, mein Brief erreicht Sie unter der auf dem Lesezeichen angegebenen Anschrift und es bereitet Ihnen keine Ungelegenheiten, mir zu antworten.

Freundliche Grüße sendet Ihnen
Ninon Moineau
14 Square Gardette
75011 Paris

Route Cézanne, 24. August 2017

Liebe Frau Moineau,

am 30. bin ich auf Durchreise in Paris. Wie wäre es mit einem Kennenlerntreffen? Ich könnte am frühen Nachmittag zum Square Gardette kommen.
Für alle Fälle lege ich Ihnen meine Visitenkarte mit Telefonnummer bei.

Herzliche Grüße
Capucine Liseron

Route Cézanne, 25. September 2017

Liebe Ninon,

das Album nimmt Form an.
Gibt es ein Foto von einem persönlichen Gegenstand des Verstorbenen, das Sie gerne auf dem Deckblatt hätten?
Wenn ja, freue ich mich über Ihre Nachricht.

Capucine

Square Gardette, 4. Oktober 2017

Liebe Capucine,

am liebsten würde ich Ihnen die ersten Baumknospen schicken, die mich bei meiner Ankunft in Paris begrüßten.

Sie waren mit Raureif überzogen und füllten das ganze Fenster aus, das ein Topf blühender Krokusse zierte; ich hatte mit einem Schlüssel die Kanzlei des Notars verlassen, dessen Garten mit ebensolchen Krokussen übersät war, und stieß vorsichtig die Tür zu meiner neuen Kiste auf, hoch oben im sechsten Stock – mit Kieferndielen und weißen Wänden, aufgehübscht von einem Spiegel, der die Morgensonne hereinlässt, einer Kommode mit ausgeblichener Marketerie, einem dunklen Holzbett, einer an die Dachschräge angepassten Trennwand, hinter der sich ein Waschbecken verbirgt, und einem Tisch aus Eichenholz. Darauf befand sich ein großer offener Briefumschlag aus China, frankiert mit sechs Briefmarken, die ebenso viele Monde zeigten, auf dem unsere Korrespondenz und eine Weltkarte lagen.

In Ermangelung einer Momentaufnahme des Fensters schicke ich Ihnen den Umschlag und die Karte, außerdem ein Stück geflochtene Festmacherleine – das Einzige, was ich als Erinnerung ans Meer mitnahm – und überlasse es Ihnen, alles im Album so zu arrangieren, wie es Ihnen am besten erscheint.

Bis bald
Ninon

PS: Ich habe keine persönlichen Gegenstände von Aimé Cosat. Die Concierge des Hauses berichtete mir, dass nach seinem Tod jemand im Auftrag des Notars alles entsorgt hat.

Paris, 31. Oktober 2017

Liebe Capucine,

anbei wie vereinbart das restliche Honorar für das Album. Ich schicke es Ihnen in Dollarnoten, da sich diese kurz vor Allerheiligen unverhofft vermehrt haben. Nun pendle ich zwischen den Friedhöfen von Passy, Montmartre, Batignolles und dem Père-Lachaise, manchmal muss ich ganz bis in die westlichen Vororte, die nur schlecht per RER erreichbar sind.

Letzte Woche habe ich Clémentine Noisette ein Exemplar des Albums geschenkt. Auch wenn ich wusste, dass sie nicht mehr bei klarem Verstand ist, hoffte ich, dass sie mich wiedererkennen würde.

— Ich war die Dame mit den Mülltonnen, stellte ich mich vor.

— Sieh an! Sie sind also diejenige, die den Steuerflüchtling mit ihrer Rente mästet.

— Sonst wäre ich auf der Straße gelandet.

— Und was machen Sie jetzt hier? Wohnen Sie nicht auf einem Containerschiff?

Wusste sie von Aimés Tod?

— Ihr Gärtner hat mir sein Dienstmädchenzimmer vererbt und zur Erinnerung an ihn wollte ich Ihnen dieses Album schenken.

— Und die Mutter von dem Zwerg, haben Sie sich die geangelt?

— Ja, sie liegt im Chemin du Coq auf dem Père-Lachaise.

— Und den Zwerg selbst? Haben Sie den geschnappt?

— Nein.

— Dann sind Sie immer noch pleite?

— Ich schmücke Gräber und bringe Mülltonnen raus.

— Schwarz?

— 100 % bar auf die Hand.

— Diese Plackerei bringt Sie nicht weiter, meine Liebe. Sie müssen sich verschulden. So hoch wie möglich. Bis Ihre Rente gepfändet wird. Erst dann wird sich der Zwerg an Sie erinnern.
— Ich arbeite daran, antwortete ich.
Gerne hätte ich ihr das Wie erläutert, sie womöglich gar um Rat gebeten, aber es hatte keinen Zweck: mit einem Mal riss ihr Blick ab, wie fortgetragen von einer Welle der geistigen Umnachtung.

Ich verabschiedete mich und legte beim Hinausgehen das Album auf eine Anrichte, wo ich auf einer Kreidetafel eine mir vertraute Schnörkelschrift entdeckte.

Wie wäre es mit einem Spaziergang?

Es war Aimés Handschrift. Warum hatte er das geschrieben? Clémentine wusste es bestimmt nicht mehr.

Aber der Gärtner vom Square Gardette.

Er verriet mir, dass Aimé an Stimmbandkrebs gestorben war, weshalb er die letzten Monate seines Lebens nicht mehr hatte sprechen können.

Vielen Dank für das Album, liebe Capucine,
ich werde es in Ehren halten.

Ninon

Square Gardette,
11. Dezember 2017

Wo sind Sie, Capucine? Ich versuche seit zwei Tagen, Sie zu erreichen, aber niemand geht ans Telefon.

Dabei muss ich Ihnen unbedingt etwas erzählen.

Als ich neulich am Nachmittag heimkam, steckte ein Päckchen im Briefkasten. Es war an Herrn Cosat adressiert und übersät mit Strichcodes und Versandaufklebern, die ich mir nicht näher anschauen musste, um zu erkennen, dass es aus einem Steuerparadies kam. Das gehört zu den Eigenheiten eines Strohmanns: Ob tot oder lebendig spielt keine Rolle, die Post kommt weiterhin. Normalerweise öffne ich sie sofort, nehme die Dollarnoten samt Adresszettel des zu schmückenden Grabes heraus, und werfe den Umschlag in den Papierkorb.

Bei dem per Express versandten Päckchen wäre das keine gute Idee gewesen. Es enthielt, sorgfältig in Luftpolsterfolie gewickelt, ein Mobiltelefon mit Ladegerät, ein paar Absatzschuheinlagen und eine Armbanduhr, deren Wert die Höhe meiner Steuerschuld mühelos übersteigt. Doch damit nicht genug! Es lag ein Formular bei, von dem ich Ihnen eine ausgefüllte Kopie mitschicke:

Lebensbescheinigung

Hiermit bestätigen wir,
das Kommissariat des 11. Pariser Arrondissements,
vertreten durch Léon Loiseau, Polizeibeamter,

dass **Madame Ninon Moineau,**
wohnhaft **Square Gardette N°14 in Paris,**

AM LEBEN IST
UND HEUTE PERSÖNLICH
VORGESPROCHEN HAT.

Paris, den 7. Dezember 2017

Wie verlangt habe ich die Bescheinigung unverzüglich an die französische Rentenversicherung geschickt und mich erst danach zur Bibliothek aufgemacht, um nach der Übersetzung eines Zettels zu fragen, der ebenfalls im Päckchen lag.

»Attached the effects of the deceased Richard LeRoy shredded by a shark during a scuba diving.«

Er wurde beim Tauchen von einem Hai gefressen.

Doch eines seiner Geheimnisse ist nicht mit ihm verschüttgegangen, denn selbst für eine Anfängerin wie mich war der Sperrcode seines Mobiltelefons kinderleicht zu erraten:

124328

Die Krux lag in der Aufforderung, die nach der Eingabe des Codes auf dem Bildschirm erschien:

»Bitte setzen Sie Ihren Schlüsselbund zurück.«

Meinen Schlüsselbund?

Ich habe mich schleunigst zu einem IT-Grundkurs für Senioren angemeldet. Nun fiebere ich dem Praxisteil entgegen, der in der zweiten Kurswoche stattfinden soll: »Unterstützung bei der Bedienung eines digitalen Endgeräts Ihrer Wahl.«

Meine Wahl steht schon fest, und sollte ich dort ein paar spannende Dinge aufschnappen, melde ich mich bei Ihnen.

Bis dahin, frohe Weihnachten!
Ninon

IV

RICHARD PAPERS

Akte Vermögen
Betreff: Inventar/Nachlasswert
12. März 2010

Sehr geehrter Richard LeRoy,

nach dem Tod Ihrer Mutter Lotte LeRoy und ergänzend zur Portfolioübersicht, die Ihnen durch unsere zuständige Abteilung zugestellt wurde, finden Sie nachstehend:
— das Inventar über den Hausrat, Schätzung, erstellt durch Maître Limbo
— die Ermittlung des Nachlasswerts

Wir bitten um freundliche Kenntnisnahme.

Aude Latour
Family Office – Estate Engineering

INVENTAR	
WOHNZIMMER	
Ensemble aus zwei Cabriolet-Armsesseln im Louis-XVI-Stil mit Prägestempel Sigismond Pluvinet, Seidenbezug in altrosa mit Blumenmotiv	60.000
Mahagoni-Spieltisch im Louis-XVI-Stil mit wackeligem Bein	1.500
Kinderzeichnungen und -collagen in Blattgoldrahmen	
• Zeichnungen und Collagen	15
• Bilderrahmen	500
Kronleuchter mit Kristallbehang im Louis-XVI-Stil	20.000
Chinesische Porzellanvase, Ming-Dynastie	17.000
Vorhänge, Teppiche, Alltagsmöbel und Computer, abgenutzt	800
KÜCHE	
Kühlschrank, Gefrierschrank, Waschmaschine, Gasherd (Uralt-Modell)	70
Porzellanservice »Varenne«, bestehend aus je 6 Suppen-, Speise- und Desserttellern, je 6 Wasser-, Wein- und Burgundergläsern, Salatschüssel, Brotkorb, Sauciere, Suppenterrine, Tarteform, Kuchenplatte, Clafoutis-Backform, Auflaufform und Sonstiges	2.700
Besteck: 36 Teile aus versilbertem Metall	1.500
Kasserolen, Pfannen und Kochtöpfe, abgenutzt	40

ZIMMER 1	
Elektrisch verstellbares Bett, 4-motorig, Modell Ferrari, in gutem Zustand	3.500
Kleiderschrank mit abgetragenen Jogginganzügen, Sets unvollständig und mottenzerfressen, Größe 52	5
7 Abendkleider von Lanvin, Dior, Saint Laurent, Chanel und Schiaparelli, Größe 34, Kollektionen 1965-1970	32.000
ZIMMER 2	
Matratze und Lattenrost, unbenutzt und originalverpackt, Garantie abgelaufen, Kaufdatum 1998	1.000
Bettwäsche aus ägyptischer Baumwolle, unbenutzt und originalverpackt	1.100
Kopfkissen und Bettdecke aus sibirischen Gänsedaunen, unbenutzt und originalverpackt	2.500
Herren-Bademantel und -Pantoffeln, unbenutzt und originalverpackt, Untergröße	400
Alltagsvase mit verwelkten Schnittblumen	3
Zigarrenkiste originalverpackt, Jahrgang 1998, mit verblichener Filzstiftaufschrift: »Bienvenue Richard«	5
BADEZIMMER	
Arzneischrank mit Medikamenten gegen Magen- und Sodbrennen sowie saures Aufstoßen in Tropfen- und Tablettenform	0
WEINKELLER	
Sammlung von ca. 3.000 Flaschen, darunter zahlreiche Grands Crus. Siehe Inventar von Maître Didot.	Wert noch zu ermitteln
SUMME ABZÜGL. KELLER	144.638

NACHLASSWERT

1. Hausrat gemäß Schätzung durch Maître Limbo	144.638,00
2. Weinflaschen gemäß Inventarschätzung durch Maître Didot	280.000,00
3. Saldo auf dem Girokonto der Verstorbenen	96.730,18
4. Immobilie in der Rue de la Corderie N°5, Paris, Verkehrswert	4.140.000,00
SUMME	**4.661.368,18 €**

Davon abzuziehende Nachlassverbindlichkeiten:

1. Abfindung und Kündigungsentschädigung Hélène Diveau, Köchin	2.312,00
2. Monatsgehalt Ninon Moineau, Hausmeisterin (fortlaufend zu zahlen)	452,66
3. Jährlicher Sozialversicherungsbeitrag Hausmeisterin	1.784,00
4. Jährlicher Rentenversicherungsbeitrag Hausmeisterin	1.334,00
5. *Glasklares Internet,* laufender Jahresvertrag	235,00
6. *Die perfekte Luftfeuchtigkeit,* laufender Jahresvertrag	332,00
7. *SOS Schaben und Schadnager,* laufender Jahresvertrag	412,00
8. Bestattungskosten, Pauschale	1.500,00
SUMME	**8.361,66 €**

REINNACHLASS

Daraus ergibt sich:

EIN NETTONACHLASS i.H.v. **4.653.006,52 €**

SCHLUSSERKLÄRUNG

Abschließend wird festgestellt, dass weder Bankkonten im Ausland noch Hinweise auf die Existenz von Wertpapierdepots im Ausland vorliegen.

Da keine weiteren als die angegebenen Gegenstände und Rechte gefunden wurden, wird das Inventar hiermit geschlossen, nachdem es vom Antragsteller Richard LeRoy als vollständig und richtig erklärt wurde.

Akte Rue de la Corderie N°5
Betreff: Laufende Verwaltung
15. April 2010

Sehr geehrter Herr LeRoy,

nach dem Tod Ihrer Mutter brach in dem Haus, das Sie geerbt haben, eine Revolte aus. Ausnahmslos alle Bewohner weigern sich, ihre Miete zu zahlen, und begründen dies mit dem äußerst schlechten Zustand der o. g. Immobilie; sie erwägen eine Sammelklage, damit das Gebäude als dringend sanierungsbedürftig eingestuft wird.

Wie wir bei einem Ortstermin feststellen konnten, sind zwar der Hauseingang, die Wohnung Ihrer verstorbenen Mutter im ersten Stock und das auf allen sechs Etagen gebohnerte Treppenhaus in tadellosem Zustand – selbiges scheint jedoch nicht zutreffend für das Dach mit den lockeren Zinkplatten, die löchrigen Regenrinnen, die über drei Etagen von einem zwei Zentimeter tiefen Riss durchzogene Giebelwand, die wurmstichigen Fensterrahmen sowie die undichten Abwasserrohre.

Die von uns hinzugezogene Rechtsabteilung Ihres *Family Office* empfiehlt, unverzüglich zu handeln, und steht Ihnen diesbezüglich gerne zur Verfügung.

In Erwartung Ihrer Antwort,
immer für Sie da
Isilde Morneplène
Optimierung Mietmanagement

Akte Rue de la Corderie N°5
Betreff: Laufende Verwaltung
22. April 2010

Sehr geehrter Herr LeRoy,

wie gewünscht, haben wir die Mietverträge einzeln geprüft.

Sofern keiner der Verträge verlängert wird, steht Ihre Immobilie binnen achtzehn Monaten leer.

Mit Ausnahme der Hausmeisterin, Ninon Moineau.

Denn die Auflösung ihres Vertrags, 1999 geschlossen und von Ihrer verstorbenen Mutter unterzeichnet, wäre zu Ihrem Nachteil. Im Klagefall müssten Sie eine beträchtliche Entschädigung zahlen.

Sobald Ihre Hauswartin jedoch das gesetzliche Rentenalter erreicht, was in sechsundzwanzig Monaten der Fall sein wird, können Sie deren Loge wieder in Besitz nehmen und den Vertrag sanktionsfrei beenden.

In Erwartung Ihrer weiteren Anweisungen,
immer für Sie da
Alexis Vertut
Legal Engineering

Akte Rue de la Corderie N°5
Betreff: Laufende Verwaltung
9. November 2011

Sehr geehrter Herr LeRoy,

nachdem Ihre letzten drei Mieter die Wohnungsschlüssel infolge der Zwangsräumung dem Gerichtsvollzieher übergeben haben, wurde in Ihrer Immobilie ein Videoüberwachungssystem mit fünf Kameras installiert, davon zwei vor Ihrem Weinkeller. Fortan wird jegliches Eindringen Unbefugter erfasst, sei es über den Dachboden, die Müllkammer oder den Haupteingang.

Das System wird auch die ordnungsgemäße Ausführung der im Vertrag Ihrer Hausmeisterin festgelegten Leistungen überwachen. Diesbezüglich und nach Sichtung des abgenutzten Materials hielten wir es für angezeigt, den Kehrbesen und das Fensterleder durch neue zu ersetzen. Den Vorrat an Reinigungsmitteln (für die Gemeinschaftsbereiche, Fenster, Handläufe und Klinken sowie Spiegel) haben wir für einen Zeitraum von sechs Monaten aufgefüllt; mit einem Abschlag von 30 %, da das Objekt unbewohnt ist.

Immer für Sie da
Isilde Morneplène
Optimierung Mietmanagement

Akte Rue de la Corderie N°5
Betreff: Laufende Verwaltung
2. Juli 2012

Sehr geehrter Herr LeRoy,

bitte senden Sie uns nachfolgendes Schreiben unterzeichnet zurück, damit wir es an den Gerichtsvollzieher weiterleiten können.

In Erwartung Ihrer Rückmeldung,
immer für Sie da
Isilde Morneplène
Optimierung Mietmanagement

Richard LeRoy
5 Rue de la Corderie
75003 Paris
France

Maître Sablin, Gerichtsvollzieher
11 Boulevard Malesherbes
75017 Paris
France

Betreff: Antrag auf Zustellung eines Vollstreckungsbescheids an Frau Ninon Moineau

Sehr geehrter Herr Sablin,

hiermit darf ich Ihnen mitteilen, dass Frau Ninon Moineau zur Räumung der von ihr genutzten Wohnung verpflichtet ist, da ihr diese nur im Rahmen ihrer vertraglichen Tätigkeit als Hausmeisterin überlassen war, welche mit ihrem Renteneintritt am 1. Juli 2012 endete.
Daher möchte ich Sie höflichst bitten, ihr einen Vollstreckungsbescheid zuzustellen.

Im Vertrauen auf Ihre gewissenhafte Ausführung verbleibe ich mit freundlichen Grüßen
[Unterschrift]

Akte Concierge-Service
Betreff: Umlagerung
10. Juli 2012

Sehr geehrter Herr LeRoy,

die beste Lösung, um die 3.000 Flaschen aus dem Keller Ihrer Immobilie in der Rue de la Corderie in Ihre abschließbare Box im Freihafen von Shanghai umzulagern, ist ein Transport per Container.

Falls Sie dort auch den Kronleuchter, das Geschirr und Ihre antiken Möbel unterbringen möchten, wäre die Anmietung von zwei Containern à 20 Fuß erforderlich, von denen einer zu drei Vierteln leer bliebe.

Die Kosten belaufen sich auf 1.000 Euro pro Container.

In Erwartung Ihrer weiteren Anweisungen,
immer für Sie da
Audeline
Team Concierge-Service

Akte Concierge-Service
Betreff: Ferrari-Bett
24. Juli 2012

Sehr geehrter Herr LeRoy,

nach dem Besuch der Barmherzigen Brüder vom Sozialkaufhaus wurde das restliche Gerümpel aus der Wohnung Ihrer verstorbenen Mutter entsorgt, nur das Ferrari-Bett ist an Ort und Stelle verblieben.

Soll es nebst Möbeln, Geschirr und Weinkeller, deren Umlagerung für den 17. September geplant ist, in einem Container verstaut und im Hafen von Fos-sur-Mer eingeschifft werden?

Immer für Sie da
Cindy
Team Concierge-Service

Akte Vermögen
Betreff: Container
7. August 2012

Sehr geehrter Herr LeRoy,

wir haben die Optimierbarkeit Ihres Angebots an Frau Moineau bezüglich der Bereitstellung eines Containers auf einem Schiff geprüft.

Dabei wurde die Anmietung eines Containers oder Stellplatzes von vornherein ausgeschlossen; dies würde die Rente zu sehr schmälern, die Ihnen als vertragliche Gegenleistung für die von Ihnen gestellte, schlüsselfertige Unterkunft überlassen wird. Wenn Ihre Holding hingegen ein Unternehmen erwirbt, das Containerflotten verwaltet, können Sie nicht nur Ihre neue Rente in vollem Umfang genießen (abzüglich der unvermeidbaren monatlichen Verpflegungskosten für Ihren Gast), sondern in vier bis fünf Jahren auch einen stattlichen Gewinn erwirtschaften.

Nach einer eingehenden Branchenanalyse fiel unsere Wahl auf *L'Atelier du Conteneur*: hervorragendes Management, ausgezeichnete Bilanzen und eine jährliche Rendite von 6 bis 12 %.

Umseitig finden Sie ein Szenario für eine fremdfinanzierte Übernahme (LBO) mit *L'Atelier du Conteneur* als Target.

In Erwartung Ihrer Rückmeldung verbleibe ich
wie immer zu Ihren Diensten
Côme Rubin
Wealth Engineering

PHASE 1 7. August 2012	Schuldenstand *L'Atelier du Conteneur* = 0
PHASE 2 27. August 2012	LBO mit Target *L'Atelier du Conteneur,* finanziert durch einen Kredit i. H. v. 10 Mio. €. Akquisition von *L'Atelier du Conteneur* durch Ihre Holding zum Preis von 10 Mio. €.
PHASE 3 28. August 2012	Überführung von *L'Atelier du Conteneur* in Ihre Holding. Namensänderung: *L'Atelier du Conteneur* wird zu *Bebox.*
PHASE 4 29. August 2012	Übertragung des Kredits i. H. v. 10 Mio. € auf *Bebox.*
PHASE 5 30. August 2012	Schuldenstand *Bebox* = 10 Mio. €
PHASE 6 fortlaufend	Optimierte Schuldentilgung durch: – Abbau von Lagerbeständen – Personalfreisetzung – Maximierung des Leverage-Effekts – Standortverlagerung von *Bebox* nach Rumänien
PHASE 7 Datum: noch offen	Verkauf von *Bebox* für 15 Mio. €. Gewinn i. H. v. 15 Mio. €, da der aufgenommene Kredit über 10 Mio. € von *Bebox* selbst getilgt wurde.

Akte Rechtsabteilung
Betreff: Einlagerung
10. September 2012

Sehr geehrter Herr LeRoy,

nachstehend finden Sie die mit dem Reeder der *Ship Flowers* ausgehandelte Vereinbarung über die Einlagerung Ihres Containers:

»Gegen Zahlung von 0,10 $ pro Einheit auf der Containerflotte, die durch unser Unternehmen *Bebox* an Sie vermietet wird, überlassen Sie uns auf Ihrem Containerschiff eine Fläche von 6,06 × 2,44 Metern für einen Zeitraum von fünf Jahren, mit Option auf Verlängerung. Die Einzelheiten betreffs der Flächennutzung werden in einem Ergänzungsvertrag aufgeführt.«

Wir bitten um freundliche Kenntnisnahme.

Mit verbindlichen Grüßen
Alexis Vertut
Legal Engineering

Akte Rechtsabteilung
Betreff: Vertrag
12. September 2012

Sehr geehrter Herr LeRoy,

in der Anlage erhalten Sie den von Frau Moineau unterzeichneten Leibrentenvertrag. Bitte senden Sie ihr ein paraphiertes und unterzeichnetes Exemplar zurück.

Ihre Bankverbindung wurde bei Frau Moineaus staatlicher Rentenversicherung hinterlegt; wir haben dort ein Online-Konto eingerichtet und als Benutzernamen die Nummer des von Ihnen zur Verfügung gestellten Containers gewählt (rückwärts gelesen und verdoppelt).

Da es sich um ein ausländisches Konto handelt, wird Ihnen die Rentenkasse als Nachweis Ihrer fortdauernden Existenz jährlich eine Lebensbescheinigung zustellen, die Sie ausgefüllt zurückschicken müssen, andernfalls wird die Rentenzahlung an Ihr Geldinstitut eingestellt.

Trotz unserer Bemühungen konnten wir keinen Nachweis über Ihre Ansässigkeit in Frankreich vorlegen und demzufolge nicht erwirken, dass die Bescheinigung an Ihr *Family Office* adressiert wird.

Daher erfolgt der Versand an Ihr Postfach:

P. O. Box AN 3210
Nassau
Bahamas

Mit verbindlichen Grüßen
Alexis Vertut
Legal Engineering

Akte Portfolio
Betreff: 
19. Oktober 2012

Hi Richard,

alles im Kasten.
Die Monatszahlungen von Frau Moineaus Rentenkasse sind in einen Kredit für ein paar Nuggets geflossen.
Du hast jetzt 15 Feinunzen Gold im Portfolio, investiert in den Index.
Fehlt nur noch ein Leverage-Effekt.
Hoch? Runter? Faktor 10? Faktor 100?
Your turn …

LG
Kevin

Akte Concierge-Service
Betreff: Empfehlungsschreiben
5. Februar 2013

Sehr geehrter Herr LeRoy,

die Köchin Ihrer verstorbenen Mutter, Mademoiselle Hélène Diveau, hat sich auf eine Stelle im Kloster Sainte-Marthe beworben, woraufhin sich die Mutter Oberin an Ihr *Family Office* wandte, um nähere Auskünfte über die Kandidatin zu erhalten.

Als Concierge-Service bieten wir gerne an, in Ihrem Namen ein Empfehlungsschreiben zu verfassen; dazu finden Sie nachfolgend eine Liste zum Ankreuzen.

- ❑ Diskretion
- ❑ Pünktlichkeit
- ❑ Einsatzbereitschaft
- ❑ Gepflegtes Auftreten
- ❑ Zubereitung schmackhafter Speisen und Fähigkeit, diese auf Wunsch erneut herzustellen
- ❑ Einfallsreichtum bzgl. der Konzeption von Tagesgerichten
- ❑ Qualität der Tischbedienung
- ❑ Gute Vorratshaltung und sparsame Haushaltsführung
- ❑ Gründliches Scheuern des Kochgeschirrs nach Gebrauch
- ❑ Gewissenhafte tägliche Reinigung der Küche

Sollten einzelne Kästchen nicht mit einem Kreuz versehen sein, werden wir die daraus abzuleitenden Defizite in unserem Schreiben selbstverständlich nicht unerwähnt lassen.

Besten Dank im Voraus.
Immer für Sie da
Benjamine
Junior Concierge

Akte Portfolio
Betreff: ☼
31. Dezember 2013

Hi Richard,

alles abgedockt.
Die Gewinnmitnahme liegt bei 450 Feinunzen Gold, bereinigt um den Kredit, der durch die Spatzenrente bedient wird.

LG
Kevin

Akte Portfolio
Betreff: 🎁
18. März 2014

Hi Richard,

alles im Kasten.
Die *Quick-Slows* sind jetzt handelsfähig.
Die Zwangsgeräumten aus den Dienstmädchenzimmern der Rue de la Corderie N°5 und die *Bebox*-Beschäftigten, die infolge der Standortverlagerung nach Rumänien entlassen wurden, sowie zahlreiche Leiharbeiter haben das Angebot unseres Maklers genutzt, trotz ihrer prekären Lage einen Kredit aufzunehmen.
Alexis Vertut hat den Aufbau eines Offshore-Vehicle betreut, um ihre Schulden zu verbriefen und das Insolvenzrisiko zu verwässern.
Die Finanzmanagerin des *Family Office* wird die neuen Wertpapiere an von Côme Rubin ausgewählte Investoren veräußern.
Der Kauf deines CDS für die *Quick-Slows* ist für Ende Juli geplant, wenn der Kredit für die 15 Feinunzen Gold durch die Spatzenrente abbezahlt ist, sodass die Rente in die Versicherungsprämie fließen kann.

LG
Kevin

Akte Vermögen
Betreff: Quick-Slows
2. April 2014

Sehr geehrter Herr LeRoy,

heute traf ich die Mutter Oberin, sie lässt Ihnen Grüße ausrichten und hofft, einmal Ihre Bekanntschaft zu machen. Es wäre ihr eine Freude, Sie zum Mittagessen zu empfangen, und sie war voll des Lobes über die neue Köchin Hélène Diveau, die Sie ihr freundlicherweise empfahlen.

Sie zeigte sich sehr interessiert an den von der Finanzmanagerin Ihres *Family Office* angebotenen Produkten, und wir verständigten uns auf ein zeitnahes Treffen, um das von mir unterbreitete *Quick-Slow*-Investitionsangebot zu konkretisieren.

Mit bestem Dank für die Empfehlung Ihres *Family Office* gegenüber dem Kloster Sainte-Marthe und verbindlichen Grüßen

Côme Rubin
Wealth Engineering

Akte Portfolio
Betreff: 💣
10. Juli 2014

Hi Richard,

alles im Kasten.
Dein CDS für die *Quick-Slows* ist unterschrieben und die Zahlung der monatlichen Versicherungsprämie durch die Spatzenrente angewiesen.

LG
Kevin

Akte Portfolio
Betreff: ☼
9. Dezember 2015

Hi Richard,

alles abgedockt.
70 % der Kreditnehmer sind dabei, ein Überschuldungsverfahren einzuleiten, nachdem sie sich als zahlungsunfähig erwiesen haben, was dir 700k € mit den *Quick-Slows* eingebracht hat.
Was machen wir mit der Spatzenrente?

LG
Kevin

Akte Portfolio
Betreff: ↗↘
18. Dezember 2015

Hi Richard,

alles im Kasten.
20 Feinunzen Gold wurden mit einem vom Spatz finanzierten Kredit gekauft.
Sie wurden in den Index investiert, jetzt fehlt nur noch ein Leverage-Effekt. Hoch? Runter? Faktor 100? Faktor 200?
Your turn …

LG
Kevin

Akte Portfolio
Betreff: ☂
5. August 2016

Hi Richard,

alles abgedockt.
Der Verlust beträgt 2.000 Feinunzen Gold.
Wenn wir einen Kredit für die 2,56 Mio. € aufnehmen, die du deinem Vertragspartner schuldest, braucht der Spatz 213 Jahre, um den Betrag abzustottern.

LG
Kevin

Akte Portfolio
Betreff: 
8. August 2016

Hi Richard,

alles im Kasten.
Ich habe einen Überbrückungskredit aufgenommen, der vom Spatz bedient wird, bis du eines deiner Aktiva verkaufst.

LG
Kevin

Akte Vermögen
Betreff: Container
16. September 2016

Sehr geehrter Herr LeRoy,

nachstehend finden Sie eine E-Mail von der neuen CHRO der Reederei, die die *Ship Flowers* betreibt.

Sehr geehrter Herr LeRoy,

da mir nach meinem Stellenantritt als Personalleiterin bekannt wurde, dass der Ihnen gehörende Container Nr. 124328 nicht nur Cabriolet-Sessel, sondern auch ein Humanaktivum enthält, dessen Wert nirgends erfasst ist, muss ich Sie gemäß Zollkodex dringend auffordern, diese Unregelmäßigkeit zu beheben.

Neben der Wertermittlung des Aktivums übersenden Sie mir bitte außerdem:
— *dessen internationale Impfbescheinigung (Gelbfieber und Malaria)*
— *dessen Haftungsausschlusserklärung*
— *dessen Versicherungsnachweis*
— *einen Scheck über 55 Euro, um die Kosten eines möglichen Rettungshubschraubereinsatzes zu decken (nicht erstattungsfähig)*

Bei Nichtvorlage dieser Unterlagen innerhalb von 30 Tagen sehen wir uns gezwungen, Ihre Ware im Herkunftshafen Fos-sur-Mer auszuschiffen. Unterdessen möchte ich Sie hiermit daran erinnern, dass unsere Reederei die Werte der Menschlichkeit und Solidarität vertritt.

Mit freundlichen Grüßen
Floriane Cliquot

Akte Rechtsabteilung
Betreff: Schreiben von Floriane Cliquot
26. September 2016

Sehr geehrter Herr LeRoy,

bedingt durch das fortgeschrittene Alter des Containerschiffs *Ship Flowers* und des im o.g. Schreiben erwähnten Humanaktivums, jeweils einer gewissen Wertminderung ausgesetzt, ergibt sich nach eingehender Prüfung ein Mindestsatz von 5 % für die »Weltflucht«-Versicherung. Bezüglich des internationalen Impfausweises, der nur durch eine von den regionalen Gesundheitsämtern benannte Stelle ausgegeben werden darf, kommt der Besuch eines Arztes auf dem Containerschiff, den Sie zwecks Impfung Ihres Aktivums 124328 anregten, nicht infrage. Stattdessen muss eine Umlagerung in eine anerkannte Impfstelle erfolgen. Ihr Concierge-Service hat zwei entsprechende Einrichtungen unweit des Hafens von Fos ausfindig gemacht und steht Ihnen gerne zur Verfügung, um einen Termin zu vereinbaren.

Obwohl Sie der alleinige Empfänger der Leibrente sind, dürfen Sie die Haftungsausschlusserklärung nicht stellvertretend für die andere Vertragspartei unterzeichnen.

Ich hoffe, Ihnen hiermit weitergeholfen zu haben, und bin selbstverständlich jederzeit für Sie erreichbar.

Alexis Vertut
Legal Engineering

Akte Concierge-Service
Betreff: Einlagerung
4. Oktober 2016

Sehr geehrter Herr LeRoy,

nach unseren Recherchen sind in Ihrer abschließbaren Box im Freihafen von Shanghai noch 45 m^3 verfügbar, sodass Sie dort Ihren 33 m^3 großen Container einlagern können.

Immer für Sie da
Audeline
Team Concierge-Service

Akte Vermögen
Betreff: Ausfuhrgenehmigung
7. Oktober 2016

Sehr geehrter Herr LeRoy,

nachstehend finden Sie die beim chinesischen Zoll einzureichende Bewertung:

— Warenbezeichnung: Kunstwerk
— Wert: 11.640 Euro[1]
— Zollgebühren: keine

Freundliche Grüße
[Nicht unterzeichnet]

1 Entspricht dem Jahresertrag, der sich aus der Leibrentenzahlung über zwölf Monate ergibt, abzüglich der Verpflegungskosten des Kunstwerks, dividiert durch die Wertminderung bei Tod, gemäß INSEE-Mortalitätsindex im Jahr n+8 zu erwarten, und multipliziert mit dem Gewichtungsfaktor Gelbfieber.

Akte Buchhaltung
Betreff: Rechnung Freihafen Shanghai
30. November 2016

Sehr geehrter Herr LeRoy,

wir haben das im Betreff genannte Dokument Zeile für Zeile geprüft und keine Überfakturierung festgestellt.

Bei der Showroom-Miete in Höhe von 2.700 $ pro Woche zzgl. Steuern handelt es sich nicht um eine doppelte Gebühr für Ihre Lagerbox. Letztere hat eine zu kleine Tür für den Container, weshalb er in einem der Showrooms des Freihafens deponiert wurde.

Auf die diesbezüglich an Sie versandte E-Mail-Benachrichtigung soll folgende Abwesenheitsnotiz eingegangen sein:

> *»Ihre Nachricht wird nicht bearbeitet, while [sic] Geschäftsreise nach Kenia.«*

Der Freihafen hat keine Kantine; die täglich von der Lounge-Bar fakturierten Haupt- und Zwischenmahlzeiten liegen im Normbereich für Spatzenportionen.

Die Extrakosten entsprechen dem wöchentlichen Wäscheservice und der täglichen Zimmerreinigung. Sowie dem Versand eines privaten Briefes per Express.

Sollen wir Ihren Concierge-Service damit beauftragen, eine Rückerstattung des letztgenannten Kostenpunktes zu fordern?

Mit bester Empfehlung
Raoul Éliterre
Family Office – Accountant

Akte Vermögen
Betreff: Container
30. November 2016

Sehr geehrter Herr LeRoy,

infolge der aufgetretenen Störungen erscheint es uns ratsam, Ihren Container aus der Flotte zu nehmen.

Im Übrigen läuft dessen fünfjährige Zulassung bald aus und es ist fraglich, ob er die anstehenden Tests (Überprüfung der vier Ecken zum Be- und Entladen, Schlagfestigkeit, Roststellen, Türverriegelung) meistern wird.

Um weitere unliebsame Überraschungen zu vermeiden, wäre unseres Erachtens eine Verbringung in ein Flüchtlingslager die eleganteste Lösung. Zypern, Griechenland, Südspanien, Lampedusa, Malta usw. – der Möglichkeiten sind viele. Eine innovative Maßnahme, die Ihr *Family Office* sogar noch schneller umsetzen könnte, wenn damit eine Charity-Aktion verbunden wäre, durch die sich eine langfristige Einlagerung aushandeln ließe.

In Erwartung Ihrer Rückmeldung verbleibe ich
mit verbindlichen Empfehlungen

Côme Rubin
Wealth Engineering

In Kopie: Alexis Vertut, *Legal Engineering*

Akte Concierge-Service
Betreff: Charity
16. Dezember 2016

Sehr geehrter Herr LeRoy,

anbei erhalten Sie Ihre Einladung.

Immer für Sie da
Lou
Team Concierge-Service

Die NGO Valletta
lädt Sie herzlich ein
zur feierlichen Einweihung der von
Monsieur Richard LeRoy
gespendeten Container
an das Valletta Camp

242 T, Napoleon Road, Malta City
am 27. Dezember 2016 um 19 Uhr.

Abendgarderobe erwünscht.
U. A. w. g.

Akte Concierge-Service
Betreff: Umlagerung
19. Dezember 2016

Sehr geehrter Herr LeRoy,

Ihr Container wurde heute im Freihafen von Shanghai abgeholt und soll in 26 Tagen in Malta ankommen, wo er auf dem Ihnen unentgeltlich überlassenen Lagerplatz abgestellt wird.

Immer für Sie da
Audrey
Team Concierge-Service

Akte Vermögen
Betreff: Umlagerung
20. Dezember 2016

Sehr geehrter Herr LeRoy,

Ihr Trust wurde heute vorsorglich auf die Vanuatu-Inseln verschoben, da sich Ihr Wohnort ab dem ersten Halbjahr 2017 zur Einhaltung der Grundsätze zur Steuertransparenz verpflichtet hat.

Da unser Kontaktmann vor Ort noch keine Liste von Personen vorgelegt hat, die daran interessiert wären, als Strohmann zu fungieren, haben wir diese Rolle vorerst Ihrem Grabpfleger zugewiesen, um finanzielle Einbußen durch Diskontinuitäten zu vermeiden und den LBO des LBO von *Bebox* unter optimalen Bedingungen zu vollziehen.

Mit verbindlichen Grüßen
Côme Rubin
Wealth Engineering

Akte Portfolio
Betreff: 
30. Dezember 2016

Hi Richard,

alles abgedockt.
Die 15 Mio. € aus dem Verkauf von *Bebox* wurden
auf das Konto deiner Holding gebucht.
Der Überbrückungskredit fällt also weg, was machen
wir jetzt mit dem Spatz?

LG
Kevin

Akte Portfolio
Betreff: €
16. Februar 2017

Hi Richard,

alles im Kasten.
Ich habe einen Investor gefunden, der sich für deinen Leibrentenvertrag interessiert, nachdem ich erst einige Abfuhren kassiert habe, weil der Spatz zu alt sei und einen Autonomieverlust erleiden könnte, wodurch sein Verbleib im Container nicht mehr praktikabel wäre.
Einziger Haken: Mein Klient will die Präsidentschaftswahlen abwarten. Er fürchtet, Frankreich könnte aus dem Euro austreten, was die Währung abwerten würde, in der die Rente ausgezahlt wird.

Ich habe eine Option unterschrieben, die nach dem 7. Mai eingelöst werden soll.

LG
Kevin

Akte Concierge-Service
Betreff: Flüchtlingslager Valletta
24. April 2017

Sehr geehrter Herr LeRoy,

unser maltesischer Kontaktmann bestätigt den von Frau Moineau versandten Brief, den wir Ihnen weitergeleitet haben.

Sie ist nicht mehr in ihrer Kiste.

Überdies scheint Ihr Container, ohne dass uns ein entsprechender Antrag vorliegt, in ein Klosett umgewandelt worden zu sein, wovon die beiden Sitzgelegenheiten mit Löchern in der Mitte zeugen, an denen zwei Eimer mit Sägemehl hängen.

Immer für Sie da
Marie-Angélique
Team Concierge-Service

Akte Concierge-Service
Betreff: Flüchtlingslager Valletta
25. April 2017

Sehr geehrter Herr LeRoy,

unser maltesischer Kontaktmann ist sich sicher: Die zwei im Container befindlichen Sitzgelegenheiten mit Loch entsprechen exakt Ihrer Beschreibung der beiden Cabriolet-Armsessel im Louis-XVI-Stil, die Sie von Ihrer verstorbenen Mutter geerbt haben.

Diese wurden nicht in Ihrer abschließbaren Box in Shanghai verwahrt, da sie nicht auf der Liste standen, die bei der Ankunft Ihres Containers im Freihafen erstellt wurde: »Ferrari-Bett, persönliche Kleinigkeiten, Festmacherleinen-Wirrwarr, alte Frau mit Clogs und niedlichem Gesicht« – mehr wurde nicht genannt.

Immer für Sie da
Marie-Angélique
Team Concierge-Service

Akte Portfolio
Betreff: ⛵
10. Mai 2017

Hi Richard,

der bulgarische Reeder, der den Spatz auf einem seiner Schwarzmeer-Frachter unterbringen würde, will vor seiner Unterschrift ein ärztliches Attest des Rohspatzes [sic] und die Zulassung des Containers sehen.

LG
Kevin

Akte Portfolio
Betreff: 
10. Mai 2017

Hi Richard,

ok, die Option wurde aufgelöst und die Rente vom nestflüchtigen Spatz wird bis zum Abschluss des nächsten CDS dazu genutzt, die Haie an deinem Tauchspot zu füttern.

LG
Kevin

Akte Vermögen
Betreff: Finanzamt
8. November 2017

Sehr geehrter Herr LeRoy,

wie Sie uns mitteilten, werden die Monatszahlungen aus Ihrem Leibrentenvertrag seit September 2017 nicht mehr vollständig überwiesen.

Jeden Monat behält das französische Finanzamt einen Teil davon ein, um die Kosten im Zusammenhang mit dem Nachlass Ihres verstorbenen Strohmanns Aimé Cosat zu begleichen, der sein Vermögen Ihrer Vertragspartnerin Ninon Moineau hinterließ.

Welchen Wert das Erbe hat? Diese Information konnten wir nicht ermitteln. Wir wissen lediglich, dass es eine Immobilie unbekannter Beschaffenheit enthält, weshalb wir die Höhe der vom Fiskus eingezogenen Steuer und somit die noch fälligen Monatsraten nicht errechnen können.

Um diesen widrigen Steuerumstand zu optimieren, schlagen wir eine Vertragsänderung vor, um den Satz

> *»im Gegenzug für eine Zwischen- und zwei Hauptmahlzeiten pro Tag«*

in

> *»im Gegenzug für einen monatlichen Blumenstrauß, gestiftet von Monsieur LeRoy«*

abzuwandeln, wobei es sich um jenen Rentenanteil handelt, der nicht vom Finanzamt einbehalten wird, und etwa dem entspricht, was Sie zuvor für die Verpflegung auf der *Ship Flowers* zahlten, und den Passus

»Logis in Form eines Seecontainers«

durch

»Logis in Form einer Hauptwohnung am Square Gardette N°14«

zu ersetzen, wodurch Sie beim Ableben Ihrer Vertragspartei in den Besitz ihrer Immobilie gelangen, ohne dafür zur Kasse gebeten zu werden.

In Erwartung Ihrer Rückmeldung verbleibe ich wie immer zu Ihren Diensten

Côme Rubin
Wealth Engineering

V

EPILOG

Square Gardette,
24. Januar 2018

Liebe Capucine,

»Madame weilt nicht mehr unter uns.«

Mit diesen Worten erfuhr ich von Clémentine Noisettes Tod. Ich hatte ihr ein frohes neues Jahr wünschen wollen – und sagte ihr auf dem Friedhof adieu.

Als ich auf der Grabplatte saß, noch ohne Marmorstein und Namen, blätterte ich erneut durch das Bündel von Briefen, die meine Reise begleitet hatten.

Und war wieder ganz aufgewühlt.

Beinahe wäre ich als Treibgut geendet, das auf dem Schwarzen Meer endlose Runden dreht.

Oder man hätte mir einen todbringenden Blumenstrauß geschenkt.

Aber die Zeit ist auf meiner Seite.

Heute wurden Kunstwerk, Spatz und Co. von mir abgedockt. Ich war auf der Internetseite der Rentenversicherung und habe aufgeräumt. Benutzername, Geheimfrage, Bankkonto – ich habe überall klar Schiff gemacht.

Auch mit der Plackerei ist Schluss, seitdem der Briefträger auf meine Bitte hin die Post für Herrn Cosat mit dem Vermerk »Unbekannt verzogen« zurückschickt; außerdem habe ich die

Armbanduhr vom kleinen Kerl verkauft, um die Erbschaftssteuern zu zahlen.

Jetzt sind nur noch seine Absatzschuheinlagen übrig.

Anstatt sie wegzuwerfen, sollten sie als Nachbildung in Aimés Album aufgenommen werden, genau wie die E-Mails des *Family Office*.

Ob Sie wohl Lust hätten, sich noch einmal ans Werk zu machen?

Darauf hoffend sende ich Ihnen
alles Liebe
Ninon

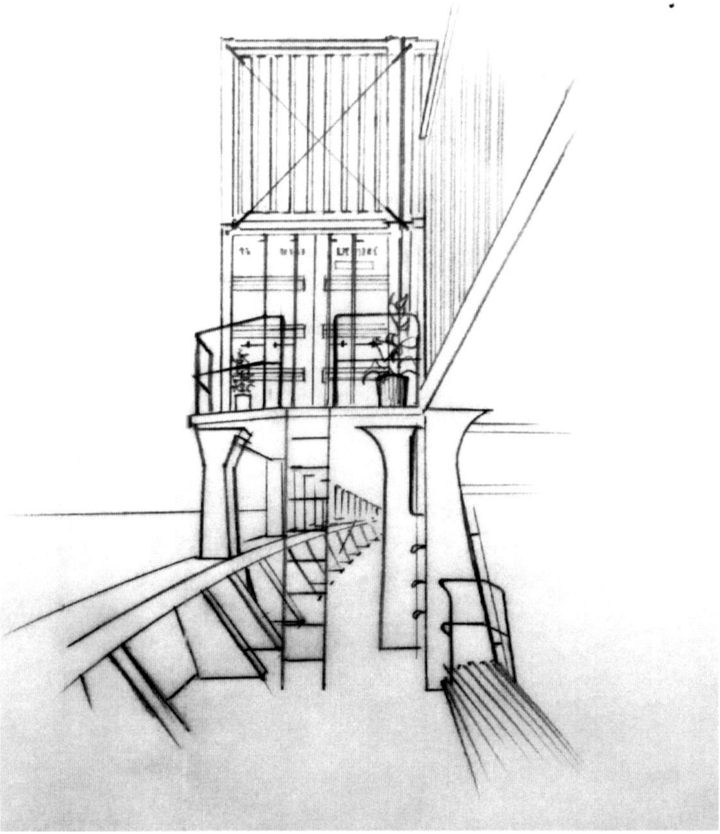

Ninons Kiste

Die 77-Tage-Route

Das Paar Absatzschuheinlagen

INHALT

Titel der Originalausgabe:
»Une loge en mer«

Vermittelt über die Agentin Deborah Druba, Paris, Frankreich.

Deutsche Originalausgabe: März 2024

ISBN 978-3-87512-674-7

Das Motto (Seite 5) ist aus:
Gustave Flaubert, *Briefe an seine Nichte Caroline,* deutsch von Sophie von Harbou, Bruns, Minden in Westfalen 1908, S. 315.

Umschlagillustration:
Josephin Ritschel, expeditiononearth.com

Zeichnung auf Seite 161:
Henri Choimet – die Autorin dankt ihm dafür sehr herzlich!

Satz: Sarah Käsmayr
Gesetzt aus der Odile, der Elido, der Zenon und der Prestige.

Herstellung: MaroVerlag

Der Verlag dankt Susanne Neuffer, Inez Schütt, Robindro von Gierke und Ralf Zühlke.

Diese Publikation wurde durch eine Verlagsprämie des Freistaats Bayern 2023 ausgezeichnet.

Die Arbeit der Übersetzerin am vorliegenden Text wurde vom Deutschen Übersetzerfonds gefördert im Rahmen des Programms »NEUSTART KULTUR« der Beauftragten der Bundesregierung für Kultur und Medien.

Deutscher Übersetzerfonds

NEU START KULTUR

Die Beauftragte der Bundesregierung für Kultur und Medien